L'Amour a un nom

Lettre à un jeune qui cherche Dieu

Je remercie du fond du cœur mon épouse, Joséphine, Aurore Caudal et P.O. pour leur aide, leurs corrections et leurs commentaires si précieux.

ISBN : 979-10-306-0010-0

Conception de la couverture : Progressif Media

Olivier Mathonat

L'Amour a un nom

Lettre à un jeune qui cherche Dieu

Préface du père Daniel-Ange

EdB

À Joséphine,

qui est pour moi le surnom de l'Amour.

PRÉFACE

Mon cher Olivier !

Pendant le pèlerinage à Rome-Assise, clôturant l'année de notre école d'évangélisation Jeunesse-Lumière, j'ai dévoré ton petit livre.

Comme tu as raison de chercher comment rejoindre nos contemporains dans un langage, avec des images qui peuvent leur parler, signifier quelque chose pour eux ! N'est-ce pas d'ailleurs la stratégie de notre Jésus lui-même ?

Ses paraboles, tirées soit de l'humble vie quotidienne, soit de la création contemplée avec émerveillement, permettent ce tour de force : faire passer les plus profondes vérités à travers des comparaisons qui rejoignent le quotidien de chacun. Bref, la Vérité de toujours dans les mots de chaque jour. Comme en filigrane, le visage de Dieu dans l'image plein les yeux !

Aujourd'hui, les similitudes les plus évocatrices, pour la plupart de nos contemporains, du moins en Occident, ne sont plus celles du monde agricole ou pastoral, mais celles de la science et de la technique. Tu en amorces quelques-unes ici.

Je pense, entre tant d'autres, à cette découverte – fabuleuse entre toutes – dans le monde de l'astrophysique de la lumière dite fossile. D'avoir pu, par sonde spatiale, remonter le temps sur quelque 14 milliards 200 millions d'années et dresser la carte du cosmos environ 300 000 ans seulement après le Big Bang. Tout y baigne dans une lumière originelle, précédant la formation du monde stellaire avec ses galaxies par millions en fulgurante expansion. Ce qui confirme le poème théologique de la Genèse, où les astres ne sont que les transmetteurs de la Lumière primale, baignant l'univers, en sa première éclosion-expansion.

Oui, l'Amour a un nom. Mieux, il est Quelqu'un : une personne ! Puissent beaucoup vivre une rencontre intime avec Lui, grâce à tes pages de lumière.

Daniel-Ange
Rome 12 juin 2015
Retraite mondiale des prêtres
Fête du Cœur de Jésus

MODE D'EMPLOI

Un livre qui commence par un mode d'emploi, ça part mal. Il y a donc plus à faire que lire les pages les unes à la suite des autres, en commençant chaque double page en haut à gauche et en finissant en bas à droite ? Oui, en quelque sorte. En effet, plus qu'un énième ouvrage « sur Dieu » ou un savant texte de spiritualité démontrant le bien-fondé de la foi, j'aimerais t'écrire une lettre, comme à un ami. Voici donc quelques éléments pour bien entrer dans ce livre un peu particulier.

Je ne sais rien de ce qui t'anime, de ta quête de sens et de vérité, de tes joies, de tes peurs, de tes questions, de ce en quoi tu crois ou ne crois pas. Pourtant, je parle à la première personne du singulier et je m'adresse à toi directement, comme si tu étais à portée de mail ou de courrier. On ne se connaît pas, mais j'ai beaucoup de choses à te dire et même quelques secrets à te confier.

Rassure-toi, je ne chercherai pas à te convaincre de l'existence de Dieu. D'ailleurs, comment le pourrais-je ? Ces quelques pages ne seront pas un plaidoyer ou une argumentation pour te prouver que Dieu existe. Considère plutôt que cette lettre est une déclaration d'amour.

Je te parlerai d'amour parce que, toi comme moi, nous voulons aimer et être aimés, être heureux. Nous passons notre temps à chercher l'amour[1]. Tu t'es d'ailleurs peut-être épuisé à chercher le bonheur. Aujourd'hui encore, tu le cherches peut-être dans le succès et la réussite sociale, dans la drogue ou le sexe, dans la course à l'argent ou aux conquêtes de toutes sortes.

Je te propose de lâcher, au moins pendant le temps que durera la lecture de ces pages, les a priori que tu as sur l'amour, la religion, la foi, Dieu. Accepterais-tu de me faire « le crédit de la bienveillance, sans laquelle il n'y a pas de compréhension possible[2] » ?

Ces pages n'ont aucune ambition polémique, je n'argumenterai pas sur le Big Bang[3], les croisades, l'Inquisition ou le préservatif. Tout cela est important, voire très grave, je toucherai d'ailleurs un mot sur quelques-uns de ces sujets à un moment ou à un autre. Mais ce n'est pas l'essentiel. Et c'est l'essentiel qui t'intéresse, n'est-ce pas ?

En écrivant ce livre, j'ai voulu proposer une sorte d'introduction à la vie spirituelle pour quelqu'un qui se pose des questions sur ce sujet. Je voudrais commencer cette lettre par quelques explications sur trois sujets sensibles : l'Église, la sexualité et la souffrance. J'ai eu à de nombreuses reprises l'occasion de parler de Dieu avec des gens dans la rue. Ces trois sujets reviennent de façon quasi-systématique dans les discussions, ils bloquent parfois la

1. Comment expliquer que, année après année, le mot-clé le plus recherché sur Google soit « sex » ?

2. *Benoît XVI, Jésus de Nazareth*, Flammarion, 2007.

3. Simplement un mot à ce propos : combien de personnes savent-elles que la théorie dite « de l'atome primitif », fondement de ce qu'on appellera plus tard le « Big Bang », a été élaborée par un prêtre belge, le père Georges Lemaître ?

compréhension et empêchent bien souvent d'aller au fond de l'échange. Considère donc les trois premiers chapitres comme une sorte d'entrée en matière avant de rentrer dans le vif du sujet. Une manière de mieux nous comprendre et d'être sûrs que nous parlons des mêmes choses. La seconde partie s'adresse à ceux qui voudraient mieux connaître la foi catholique et la vie spirituelle. La troisième partie, enfin, propose des éléments concrets et pratiques à des personnes qui souhaitent avancer dans la relation avec Dieu. Le tout très humblement et sans chercher à être exhaustif, car chacun de ces sujets pourrait faire l'objet de travaux pendant toute une vie.

Sur aucun de ces sujets, je n'ai la prétention de parler en maître. Je te transmets seulement ce que j'ai appris et compris des questions que je me posais quand j'ai commencé à m'intéresser à Dieu et à la foi, à seize ans.

Tu n'es pas obligé de lire d'un bout à l'autre. Peut-être certains chapitres te paraîtront-ils évidents. Prends ce qu'il y a pour toi. Le reste… tant pis !

1. QUESTIONS DIFFICILES

En juin 2011, Lady Gaga a donné un énorme concert à Rome au cours duquel elle a appelé de ses vœux la venue d'une « révolution de l'amour ». Le lendemain, toutes les télés, radios et sites d'informations du monde reprenaient l'expression et décrivaient cette civilisation : mariage et adoption pour les personnes de même sexe, création d'un statut pour les personnes transgenres, etc.

En fait, cette expression de « révolution de l'amour » avait été utilisée auparavant par les papes Jean-Paul II et Benoît XVI, à de nombreuses reprises[4]. Comme tu t'en doutes, ils ne mettaient pas du tout la même réalité que Lady Gaga derrière cette expression. Il est étonnant de constater combien, derrière un même mot, on peut avoir

4. Par Jean-Paul II à des journalistes dans l'avion qui le ramenait de Cuba en 2003, cf. http://www.lemonde.fr/europe/article/2003/10/09/a-la-havane-le-pape-exhorte-cuba-a-s-ouvrir-au-monde_337436_3214.html consulté le 26 septembre 2014 ; par Benoît XVI dans son angélus du 18 février 2007, dans un discours au Conseil pontifical pour les laïcs le 21 mai 2010, et plus tard dans l'exhortation apostolique *Africae Munus* datée du 19 novembre 2011, au Liban le 15 septembre 2012. Liste non exhaustive.

deux conceptions radicalement différentes. À tel point que si je dis aujourd'hui que je veux contribuer à la révolution de l'amour, il me faut expliquer à laquelle je fais référence[5].

C'est ce travail de définition et d'explication que je voudrais faire dans les pages qui suivent, à propos de trois sujets essentiels. Cela nous permettra de mieux nous comprendre afin d'aborder sereinement les autres points de ce livre.

5. Luc Ferry, ministre de l'Éducation nationale de 2002 à 2004, a publié un essai intitulé *La révolution de l'amour* en septembre 2010 aux Éditions Plon, avec pour sous-titre « Pour une spiritualité laïque » : difficile de s'y retrouver !

Au milieu du paradis, il y a un skate park

Comment comprendre que Dieu, s'Il existe, laisse faire toutes les choses horribles dont nous voyons les images à longueur de journée sur nos écrans ? Nous touchons ici la question de la liberté[6]. As-tu déjà réalisé que tout t'est permis ? Si tu le veux, tu peux commettre dans les dix prochaines minutes un crime horrible ou, au contraire, prendre la décision de faire un acte bon et gratuit. Cela dépend de toi et de toi seul. Dieu ne t'empêche pas de faire le mal et permet parfois que d'autres t'en fassent[7]. Cela nous donne une immense responsabilité. D'ailleurs, un journaliste demandait un jour à Mère Teresa : « La souffrance et le mal sont partout, que faudrait-il changer pour que le monde aille mieux ? » La réponse a fusé, claire et précise : « Vous et moi, Monsieur. »

Je n'ai pas d'explication définitive sur la souffrance, je suis même incapable de parler d'un possible « sens de la souffrance ». Mais il faut l'affirmer avec force : l'existence du mal n'exclut pas l'existence de Dieu et sa présence à chaque seconde.

Lors de sa visite à Manille en janvier 2015, le pape François a été interpellé par une petite fille qui lui a demandé en pleurant comment Dieu peut permettre que des enfants soient abandonnés par leurs parents, soient embrigadés dans le trafic de drogue ou la prostitution. Le Pape l'a d'abord prise dans ses bras, puis il a répondu :

6. Cf. le chapitre « Bobsleigh et prédestination ».
7. Il faut cependant préciser que tu disposes d'éléments te permettant de discerner si un acte est bon ou mauvais : les 10 commandements, la loi naturelle (cf. le Catéchisme de l'Église catholique, § 1954-1960), ta conscience. Par ailleurs, ayant été créés à l'image et à la ressemblance de Dieu, nous avons un attrait spontané pour le bien (cf. *ibid.* § 1804)

« C'est la seule question qui n'ait pas de réponse, si ce n'est celle de la compassion. Une compassion qui ne soit pas simplement humaine ou qui apporte une solution seulement concrète. Il faut savoir pleurer avec ceux qui pleurent. »

Les catastrophes naturelles sont probablement ce qui suscite le plus d'incompréhension et de révolte. Notre société du « zéro danger » voudrait bien d'un Dieu qui fasse des automnes sans pluie, mais avec des récoltes au printemps, de la neige sans avalanches dans les stations de ski et des mouvements de plaques tectoniques sans tremblements de terre. Tu sens bien que c'est impossible. La nature ne se pliera jamais à nos désirs : c'est bien à nous d'apprendre ses rythmes et ses impératifs. Nous devons, une fois n'est pas coutume, apprendre l'humilité et reconnaître qu'il y a plus grand que nous. Il n'en reste pas moins que c'est un scandale que des personnes meurent dans un ouragan ou emportées par une coulée de boue. Une phrase de la Bible dit qu'*« Il en coûte à Dieu de voir périr les siens*[8] *»*. Dieu ne se réjouit pas de notre douleur. Mais il nous faut comprendre, même si c'est difficile, que la mort succède toujours à la vie. Et découvrir aussi que, toujours, la vie survient après la mort.

Une fausse conception de Dieu nous fait parfois croire qu'il importe peu aux croyants de souffrir sur terre, puisqu'ils croient à la vie éternelle. C'est absolument faux. Je veux être heureux, et dès maintenant ! Une campagne publicitaire anglaise disait il y a quelques mois : « Dieu n'existe probablement pas, profitez de la vie. » Comme si l'existence de Dieu allait à l'encontre de notre bonheur ! J'espère sincèrement que tu auras une vie heureuse qui te comblera, que tu auras un travail que tu aimeras et une famille aimante, que

8. Psaume 115, 15.

ta vie sera parsemée de petites joies et de grands bonheurs. S'il faut « souffrir pour être belle », la vraie joie ne se mesure pas au nombre de souffrances accumulées.

Cela étant dit, la souffrance fait partie de notre vie. Sans entrer dans le détail, cela vient du fait que nous, en tant qu'humanité, avons choisi de faire le mal alors que Dieu voulait notre bien. Cela s'appelle le « péché originel ». On m'a raconté un jour une histoire pour expliquer cela : imagine que tu es avec Dieu au paradis et qu'au milieu du paradis, il y a un skate park. Dieu t'offre un skate en te disant : « Voici un skate, ton skate. Tu peux aller où tu veux avec. Tu vas voir, tu vas adorer la vitesse, les descentes à toute allure, les promenades en ville. Tu vas vraiment t'amuser avec ça. S'il te plaît, je ne te demande qu'une seule chose : ne va pas sur l'autoroute avec, ce n'est pas fait pour toi, tu vas te faire mal à coup sûr. Et puis les voitures roulent à une vitesse folle, il y a des camions, tu ne feras jamais le poids. S'il te plaît, ne va pas sur l'autoroute. » Malheureusement, nous avons choisi d'aller sur l'autoroute…

La souffrance fait donc partie de notre vie. Aussi incompréhensible que cela soit parfois, c'est un constat qu'il nous faut faire. Quand tu es né, cela a été un vrai traumatisme pour toi de quitter le sein maternel, puis il a fallu laisser ta maison pour aller à l'école, affronter tous ces inconnus et franchir une à une toutes les étapes qui font de toi, peu à peu, un être libre et autonome. Je ne décris ici qu'un parcours classique et je sais combien certaines vies sont troublées par le scandale de parents parfois indignes, de handicaps trop difficiles à assumer, de décès qui rendent le quotidien douloureux, d'absences ou de manques insupportables. Encore une fois, cela ne signifie pas pour autant que Dieu ne soit pas présent.

Le choix ne porte donc pas sur « souffrir ou ne pas souffrir », mais sur notre façon de regarder une situation douloureuse, voire impossible à surmonter. Si Dieu n'existe pas, alors la souffrance et la mort marquent un point d'arrêt. Circulez, il n'y a plus rien à voir. Mais s'il existe un Dieu éternel, il y a une espérance possible. D'autant plus que Dieu n'est pas étranger à la souffrance : Jésus, qui est Dieu depuis toujours, a accepté de devenir un homme et de mourir sur une croix dans des souffrances impossibles à imaginer. Alors même qu'Il était absolument innocent. Celui que je te présente sait donc ce que c'est que de souffrir et ne te laisse pas seul dans tes difficultés ; parce qu'Il a enduré la souffrance et qu'Il l'a fait pour toi[9].

Alors, que signifie : « être heureux » ? Cela veut-il dire éviter un maximum de souffrances comme on essaie d'éviter les gouttes de pluie, ou même de s'y rendre insensible, comme le font les bouddhistes ?

Ne faudrait-il pas plutôt apprendre à vivre chaque instant pleinement, pour ce qu'il est ? Vivre aujourd'hui complètement, comme une expérience unique. Savoir que nous ne sommes pas seuls dans les moments douloureux, que l'espérance a aussi son mot à dire. Ce n'est ni de la philosophie zen, ni de la méthode Coué. C'est au contraire une manière d'appréhender la vie par le réel, le concret, et non plus par ses peurs, ses représentations, son imaginaire. Cela implique de remettre les choses à leur vraie place, selon leur vraie importance. C'est un travail de tous les jours, c'est l'œuvre de notre vie.

9. Cf. le chapitre « L'amour a un nom et quelques surnoms ».

L'Église est une prostituée

Saint Ambroise de Milan, grand saint de l'Église catholique, a dit de celle-ci qu'elle était une prostituée. Voilà une expression que ne renierait pas le plus énergique des anticléricaux ! C'est un vrai paradoxe, mais l'Église est à la fois infiniment pure et composée de personnes qui commettent des fautes, et parfois des fautes très graves.

Avant de rentrer plus précisément dans ce paradoxe, je voudrais te demander pardon si tu éprouves du ressentiment vis-à-vis de l'Église à cause d'un prêtre, d'une religieuse, d'un catéchiste ou d'un autre membre de l'Église qui n'a pas été à la hauteur de tes espérances. Pardon s'ils ont commis des actes graves, injustes ou humiliants à ton égard. Au nom de l'Église, je te demande pardon en particulier pour les paroles dures ou les jugements que tu as pu entendre de la part d'hommes ou de femmes d'Église, ou s'ils ont eu des comportements incohérents avec ce qu'ils prêchent ou ce qu'ils devraient vivre. En tant que catholique, je me réjouis profondément quand un de mes frères dans la foi a une vie exemplaire. Et je me sens humilié quand j'apprends les manquements de l'un d'entre eux. Comme si le plus proche de mes amis lui-même l'avait commis.

Veux-tu pardonner à l'Église ? Pour ce que tu as vécu toi-même, mais aussi pour ce qu'on t'en rapporte. Il me semble en effet que, dans bien des cas, le ressentiment contre l'Église vient de faits qui, aussi condamnables qu'ils soient, ont eu lieu il y a tellement longtemps qu'on ne saurait en vouloir à ceux qui constituent l'Église aujourd'hui. Et aussi, parfois, d'incompréhensions ou de manque d'informations. Il y a quelques années, je parlais de la foi avec un garçon d'une vingtaine d'années. Il était très virulent contre l'Église, disant que les prêtres étaient tous hypocrites, que le Vatican était couvert de richesses tandis que des pauvres mouraient de faim. La discussion n'aboutissait sur rien d'autre que ce déversement de rancœur et je ne savais plus comment faire pour en arriver à ce qui est vraiment intéressant : la relation entre lui et Dieu. Jusqu'à ce qu'il me dise : « Mon grand-père a été excommunié il y a quarante ans pour avoir distribué des tracts communistes dans Notre-Dame de Paris pendant une messe, du coup toute ma famille est excommuniée sur trois générations. Alors, ton Église, tu te la gardes ! » Je lui ai donc expliqué qu'il était impossible qu'il soit excommunié lui-même pour un acte commis par son grand-père, dont j'ai d'ailleurs du mal à croire qu'il ait été réellement excommunié au sens strict du terme pour ce simple motif. Après un moment de surprise, nous avons pu parler beaucoup plus paisiblement de qui est Dieu et de ce qu'est l'Église.

Une autre histoire, racontée par Jean-François Callens dans son livre *L'amour souffle où il veut*[10], est éclairante à ce sujet : alors qu'il visite des familles en compagnie d'une religieuse vietnamienne, un homme injurie l'Église catholique. En cherchant à en savoir un peu plus, les deux missionnaires comprennent que le motif de cette violence vis-à-vis de l'Église est un événement rapporté depuis plusieurs générations dans la famille de l'homme avec qui ils parlent : lors des premières communions dans un village, les enfants des familles riches étaient placés aux premiers rangs tandis que ceux étant issus de familles démunies n'avaient plus que les derniers rangs pour s'asseoir. La religieuse qui accompagnait Jean-François Callens s'est alors mise à genoux en expliquant qu'à cause de son appartenance à cette même Église catholique, sa famille a été massacrée

10. Jean-François Callens, *L'Amour souffle où il veut*, Éditions des Béatitudes, 2006.

au Vietnam et qu'elle-même a beaucoup souffert du fait de son adhésion à l'Église. Ayant expliqué cela, elle a demandé à l'homme qu'elle rencontrait s'il voulait bien pardonner à l'Église ses manquements, ce qu'il a fait.

L'Histoire de l'Église n'est pas exempte de péchés, c'est un fait. Elle a d'ailleurs, à plusieurs reprises, demandé pardon pour les fautes qu'elle a commises depuis deux mille ans. C'est ce qu'a fait le pape Paul VI au cours du concile Vatican II, en demandant pardon aux Églises protestantes. Jean-Paul II, le 12 mars 2000, a lui aussi demandé pardon au peuple juif pour les fautes commises à son encontre par l'Église. En juillet 2014, le pape François a demandé pardon pour la participation de certains catholiques aux persécutions infligées aux pentecôtistes italiens sous le régime de Mussolini.

Plus que n'importe quel autre groupe, association, institution, on en veut à l'Église de ne pas être parfaite et, dans une certaine mesure, on a raison. Parce que son ambition, sa mission, est d'être sainte et parce qu'elle demande aux hommes de bonne volonté de tout faire pour être saints eux aussi. Pour revenir à saint Ambroise, l'expression exacte qu'il a utilisée était : « L'Église est une chaste prostituée », *casta meretrix* en latin. C'est-à-dire que l'Église est sainte et pure, mais composée de pécheurs. Pour comprendre cela, il faut regarder l'Église non plus seulement comme une institution humaine, mais comme un projet de Dieu. C'est-à-dire que, contrairement à ce qu'on entend souvent, l'Église n'a pas déformé le message du Christ. Bien au contraire, c'est Jésus lui-même qui l'a rendue dépositaire de son message et lui a demandé de le répandre partout[11].

11. À la fin de l'évangile de Matthieu, Jésus demande à ses disciples *« d'aller dans toutes les nations et de faire des disciples en les baptisant au Nom du Père, du Fils et du Saint-Esprit ».*

L'Église est donc sainte, puisqu'elle est l'épouse du Christ et qu'elle ne fait qu'un avec Lui. Pour autant, parce qu'elle est composée d'hommes faillibles, l'Église est aussi le lieu de fautes, d'injustices. Elle est donc à la fois « sainte et en travail de purification[12] ».

L'Église est donc une prostituée dans la mesure où elle est composée d'hommes et de femmes, et qu'elle a l'ambition de tous les rejoindre et de tous les accueillir. Mais elle est une prostituée chaste, « parce que de nombreux amants viennent à elle pour l'attrait de l'amour, mais sans la souillure de la faute[13] ». Ce qui signifie qu'elle est, et reste, l'épouse du Christ et de Lui seul. Saint Ambroise dira également : « L'Église prend à juste titre l'aspect de la pécheresse parce que le Christ a pris l'aspect du pécheur[14]. »

Quand on comprend cela, on ne peut plus dire : « Je crois en Dieu, mais pas en l'Église. » Parce que, comme l'a dit sainte Jeanne d'Arc au moment même où elle allait être condamnée injustement par l'Église : « Dieu et l'Église, c'est tout un. » Dieu lui a confié des secrets qu'Il n'a révélés à personne d'autre, Il lui a donné des responsabilités qu'elle est la seule à avoir. L'Église seule, par l'intermédiaire des prêtres, donne Jésus au monde dans l'Eucharistie. Car c'est bien de cela qu'il s'agit à la messe : donner Jésus au monde[15]. Dieu a voulu l'Église : « De même que la volonté de Dieu est un acte et qu'elle s'appelle le monde, ainsi son intention est le salut des hommes et elle s'appelle l'Église[16]. »

---

12. Cf. *Lumen Gentium* 1, 8. Ce texte est une des quatre « constitutions dogmatiques », écrites en conclusion des travaux du concile Vatican II.
13. Dans son commentaire sur l'évangile de Luc, In *Lucam* III, 23.
14. In *Lucam* VI, 21.
15. Cf. l'excellent : Scott Hahn, *Le festin de l'Agneau*, Éditions des Béatitudes, 2005.
16. Clément d'Alexandrie, *Paed.* 1, 6. Cité in Catéchisme de l'Église catholique, § 760.

Une dernière chose à ce sujet : sans chercher à minimiser les erreurs commises au cours de l'Histoire, il ne faut pas oublier de regarder les faits passés en fonction du contexte historique dans lequel ils ont eu lieu et de la compréhension que les hommes avaient du monde à l'époque. C'est ce qu'explique le rapport de la commission d'étude chargée par Jean-Paul II de travailler sur la manière dont l'Église avait traité Galilée au XVIe siècle et qui, pour la première fois, reconnaît les erreurs de l'Église dans cette triste affaire :

> « Héritiers de la conception unitaire du monde, qui s'imposa universellement jusqu'à l'aube du XVIIe siècle, certains théologiens contemporains de Galilée n'ont pas su interpréter la signification profonde, non littérale, des Écritures, lorsqu'elles décrivent la structure physique de l'univers créé, ce qui les conduisit à transposer indûment une question d'observation factuelle dans le domaine de la foi. C'est dans cette conjoncture historico-culturelle, bien éloignée de notre temps, que les juges de Galilée, incapables de dissocier la foi d'une cosmologie millénaire, crurent, bien à tort, que l'adoption de la révolution copernicienne, par ailleurs non encore définitivement prouvée, était de nature à ébranler la tradition catholique et qu'il était de leur devoir d'en prohiber l'enseignement. Cette erreur subjective de jugement, si claire pour nous aujourd'hui, les conduisit à une mesure disciplinaire dont Galilée "eut beaucoup à souffrir". Il faut loyalement reconnaître ces torts. »

Voilà pour la théorie. En pratique, je ne me reconnais pas dans la description de l'Église que je lis dans tel ou tel journal : « L'Église est à l'agonie[17] », « Il faut que l'Église s'adapte à la société », etc.

Ceux qui pensent cela n'ont pas compris l'Église. Ils s'imaginent que la réussite de l'Église, comme toute

---

17. Olivier Bobineau dans Rue89.com, consulté le 10 février 2014.

institution qui se respecte, se mesure à son nombre d'adhérents, sa cote de popularité et sa « coolitude ». Plus grave encore, ils ne comprennent pas que l'Église est infiniment plus riche et variée que l'opposition qu'on met en scène entre « le Vatican » d'un côté et « les vrais gens » de l'autre. L'un étant considéré comme vieux jeu, les autres comme assoiffés de libertés interdites par « le chef ». L'Église n'est pas un parti politique où chacun aurait à défendre sa tendance, son mode de pensée. L'Église est l'héritière du Christ. Si son enseignement se développe en fonction de la compréhension grandissante que les hommes acquièrent au fur et à mesure des siècles[18], l'essence même de son enseignement ne change pas et ne changera jamais. Parce que l'essence de son enseignement, c'est son fondateur : le Christ.

Si l'Église est une, il y a quantité de manières de vivre la foi en son sein. Le mode de vie[19] des jésuites et des bénédictins n'a à peu près rien en commun. Pas plus que ma manière de vivre la foi ne ressemble à celle d'un catholique népalais. Pour autant, lui comme moi sommes pleinement fils de l'Église, nous avons la même foi et nous sommes chez nous dans toutes les églises du monde, nous assistons à la même messe dans tous les pays où nous allons, nous avons en la personne du Pape un seul et même garant de l'unité de cet ensemble à la fois si diversifié et si uni que nous formons.

Il y a une place pour toi dans cet ensemble. Comme tu es, là où tu en es. Bienvenue chez toi !

18. Cf. le grand apport du bienheureux John Henry Newman sur le développement du dogme dans l'Histoire.
19. Par « mode de vie », j'entends la « spiritualité » et les conséquences de cette spiritualité sur le quotidien, la liturgie, etc.

Parlons-en !

Le moins qu'on puisse dire, c'est que le discours de l'Église sur la sexualité n'est pas compris. Pire que cela, il est critiqué, moqué, considéré comme appartenant à une vision archaïque du monde. Juste après son audition par les parlementaires sur la question du mariage entre personnes de même sexe, avec les autres responsables religieux en France, on a demandé au cardinal Vingt-Trois, archevêque de Paris, s'il avait le sentiment d'avoir été entendu. Ce à quoi il a répondu : « Oui, la sono était très bonne. » Et, de fait, pas une seule discussion médiatique concernant la position de l'Église sur la sexualité ne se passe sans une moquerie, sans un : « Il serait temps que l'Église évolue ».

Il y a une scène à laquelle je pense souvent. Décembre 2006, les rues de Lyon sont pleines à craquer de touristes qui viennent admirer les spectacles de la Fête des Lumières. Avec des amis, nous accueillons les personnes qui se pressent devant une église du centre-ville. Il fait froid, nous leur offrons un thé et leur proposons d'entrer dans l'église. Alors que je l'invite à entrer, un jeune me répond en criant, un sanglot dans la voix : « Non ! Je suis homo et l'Église n'aime pas les homos », puis il s'en va en courant. Tellement surpris par sa réaction, je suis resté les bras ballants. Souvent, je me dis que j'aurais dû courir derrière lui, pour lui dire combien cela est faux.

Pour comprendre à quel point cette conviction est erronée, il est nécessaire d'avoir à l'esprit que la pensée de l'Église sur ce sujet est le fruit d'une longue réflexion. Quand on a deux millénaires d'expérience derrière soi, on a eu le temps de réfléchir sur un sujet aussi primordial que la sexualité. Peu à peu s'est élaborée ce qu'on appelle aujourd'hui l'anthropologie chrétienne, c'est-à-dire la manière dont l'Église comprend l'homme et son environnement. Autrement dit, ce que l'Église dit sur la sexualité a du sens, est fondé. On peut ne pas être d'accord avec cette conception de l'amour, mais on ne peut pas la réduire à : « Ils n'y connaissent rien » ou : « Ce sont des coincés ».

L'a priori le plus répandu, semble-t-il, est que l'Église est contre le sexe. C'est absolument faux ! Au contraire, l'Église affirme que la sexualité est quelque chose de grand, d'infiniment respectable et d'infiniment bon. Ainsi, saint Jean-Paul II a déclaré : « L'union des corps a toujours été le langage le plus fort que deux êtres puissent se dire l'un à l'autre[20] » ou encore : « Alors que, pour la mentalité manichéenne, le corps et la sexualité constituent pour ainsi dire une "anti-valeur", pour le christianisme, au contraire, ils demeurent toujours "une valeur insuffisamment appréciée"[21]. » Depuis plusieurs décennies, le Pape, quel qu'il soit, donne chaque mercredi une audience publique. Jean-Paul II a consacré 129 de ces audiences à ce qu'on appelle aujourd'hui la « théologie du corps ». Tous ces textes[22] décrivent l'acte sexuel en des termes extrêmement positifs, comme nous venons de le voir. L'un des éléments-clés de cette pensée est : « Je suis mon corps. » Cela signifie que ce que je fais avec mon corps implique toute ma personne. Mon corps n'est pas une « boîte » qui contient mon esprit ; mon corps, c'est moi.

Loin de mépriser le corps, l'Église a au contraire un immense respect pour lui. Dans les premiers siècles, on a appelé les chrétiens « ceux qui aiment le corps[23] ». Et

---

20. Message aux jeunes de France, 1er février 1980.
21. Jean-Paul II, le 22 octobre 1980.
22. L'ensemble fait près de 700 pages.
23. Cf. Yves Semen, *La sexualité selon Jean-Paul II*, Presses de la Renaissance, 2004, p. 30.

comment pourrait-il en être autrement, quand on croit en un Dieu qui s'est fait homme et a pris un corps ?

Dans cette conception, faire l'amour est quelque chose d'extraordinairement beau et bon ! Simplement, il ne peut pas être un acte anodin. L'acte sexuel est beaucoup plus qu'un simple échange, un bon moment passé et partagé. Il est le don de soi, pour l'autre. Si la sexualité est le don complet de moi-même, la position de l'Église sur la sexualité et le mariage devient limpide : je ne peux me donner qu'à celui/celle à qui je livre ma vie tout entière et fais la promesse de l'aimer toujours. On est loin d'une restriction moralisatrice et comptable.

Une précision me semble importante : l'Église ne limite pas la sexualité à la procréation. Pour le dire plus crûment : personne ne dit qu'il faut faire l'amour seulement pour avoir des enfants[24]. Au contraire, le pape Paul VI décrivait en 1968 « la double signification unitive et procréative[25] » de l'acte sexuel. Autrement dit, l'acte sexuel est bon en tant que tel puisqu'il manifeste l'union profonde de l'homme et de la femme. D'ailleurs, les couples chrétiens sont invités à être responsables, leur fécondité n'est pas à laisser au hasard[26]. De fait, il y a pour moi une incohérence profonde dans le fait de faire l'amour tous les jours, mais de vivre seul. Au contraire, l'acte sexuel est à comprendre dans la globalité de la relation : il n'est pas tout l'amour exprimé, il est une expression (particulièrement forte et belle, il est utile de le préciser) de l'amour.

---

24. Cf. Olivier Florant, *Ne gâchez pas votre plaisir, il est sacré. Pour une liturgie de l'orgasme*, Presses de la Renaissance, 2006.
25. Cf. *Evangelium Vitae*.
26. Sur ce sujet sensible, on lira avec beaucoup de profit l'intervention de Xavier Lacroix exposée lors d'un colloque et publiée, avec d'autres contributions, dans un ouvrage intitulé *Contraception : contrainte ou liberté ?*, Collection Travaux du Collège de France, Éditions Odile Jacob.

Dans son livre *Dieu-Sexe*[27], Rob Bell développe tout un argumentaire pour expliquer que la sexualité et la spiritualité sont intimement liées. C'est aussi ce qu'explique Yves Semen qui a beaucoup travaillé sur la théologie du corps :

> « Le don des personnes dans le mariage devient ainsi une manière d'accéder au mystère de l'intimité de la Trinité divine à travers l'expérience concrète du don de soi, même si ce don ne peut jamais être parfait. [...] Le mariage est l'expérience humaine concrète par laquelle Dieu devient compréhensible, accessible pour l'homme : le mariage est icône de la Trinité[28]. »

Rob Bell explique, quant à lui, que le texte de la Genèse décrit la création de l'homme après celle des anges, mais avant celle des animaux. Ce texte, bien sûr, n'est pas à prendre au pied de la lettre : il n'est pas une description scientifique de la création du monde. Il s'agit plutôt d'un mythe : un texte qui s'autorise à décrire de façon imagée et symbolique une réalité fondamentale[29]. Rob Bell, donc, explique qu'ayant été créés après les anges, nous n'avons pas à vivre comme des êtres purement spirituels et que le mépris de la sexualité est une mauvaise compréhension de notre humanité. Pour autant, ayant été créés avant les animaux, notre sexualité est plus qu'un instinct ou un simple mode de reproduction qui, en plus, nous donnerait du plaisir.

En un mot : « La sexualité est d'essence divine ; elle n'est pas un reste de notre animalité[30]. »

---

27. Rob Bell, *Dieu-Sexe*, Éditions Première Partie.
28. Yves Semen, *op. cit.* p. 48.
29. Fondamentale dans les deux sens du terme : « au fondement » et « très important ».
30. *Ibid.* Conclusion.

2. CATHOPEDIA

Un jour, avec ma femme, nous avons visité une famille dans un quartier très marqué par la présence de sectes. Il en résultait une certaine confusion dans les croyances et la foi des habitants de ce quartier était souvent un joyeux mélange de religions pourtant très différentes. J'en ai eu la preuve à la fin de cette visite quand je demandai à la mère de famille de bien vouloir me prêter une Bible pour que je lui montre un passage dont nous avions parlé. « Bien sûr », me dit-elle. Elle ouvre alors une armoire et sort une pile de bibles. « Non, ce n'est pas celle-là », dit-elle en mettant de côté une bible des Témoins de Jéhovah, « pas celle-là non plus », continue-t-elle en attrapant un livre des Mormons, « est-ce que ce serait ça ? » Il lui a fallu encore deux ou trois tentatives avant de trouver la Bible catholique !

Même si cet exemple est un peu caricatural, il est pourtant emblématique d'une conception assez répandue : s'il y a un Dieu, la religion importe peu. Pourtant, le Dieu auquel je crois n'est pas le même que celui que décrivent les sectes dont nous avons parlé plus haut, mais aussi d'autres religions plus « classiques ».

Dans les pages qui suivent, je voudrais te dire quelle est ma foi. Pas pour te forcer à y croire, plutôt pour que tu puisses réaliser qu'elle est peut-être assez différente de ce que tu crois en savoir… !

Dieu ?

Chaque année, les hebdomadaires en mal d'informations reprennent les mêmes thèmes. C'est ainsi que, depuis trente ans, on voit apparaître tous les ans, entre un numéro spécial sur « Les derniers secrets de la Franc-maçonnerie » et un hors-série sur « La médecine douce », une couverture avec un seul mot qui attire l'attention du badaud : « Dieu », suivi d'un point d'interrogation. « Dieu ? », ça en jette. Généralement, cette couverture se veut un peu mystérieuse, l'iconographe du magazine a donc pris soin de choisir un ciel étoilé en fond, le même qui sert pour les numéros sur « Les mystères de l'univers ».

Il faut dire que la question de l'existence de Dieu interroge les philosophes, les scientifiques et les hommes en général depuis les débuts. À un moment ou à un autre, chacun se pose les « grandes questions » : pourquoi sommes-nous sur Terre, d'où venons-nous, suis-je le fruit du hasard ?

Les psychologues cherchent même à comprendre pourquoi des personnes croient en Dieu. Certains expliquent que la foi permet d'obtenir des réponses toutes faites sur les grandes questions de la vie. Ou alors que je crois en Dieu parce que mon milieu social y croyait. En « y croyant » aussi, je me conforme à ce milieu et rentre dans le moule.

Ces raisonnements, comme toutes les explications scientifiques ou sociales sur la foi, semblent tenir la route. Mais on oublie une chose essentielle : et si Dieu existait vraiment, que je le veuille ou non ? Si Dieu existe, est-ce que cela ne change pas tout ? Le rapport que tu entretiens au temps, à la vie, à la mort, au bonheur, à la souffrance, tout est différent !

Une fois qu'on a dit ça, il faut aller plus loin : comment est-il, Dieu ? Qu'est-ce qu'Il peut faire pour moi dans ma vie quotidienne et « normale » ? Il y a beaucoup de manières de se représenter Dieu. Peut-être l'imagines-tu comme un marionnettiste sadique qui prend plaisir à voir les hommes souffrir depuis son nuage. Ou comme un Père Noël gâteux qui donnerait des bons points à ceux qui croient en Lui et un Père Fouettard qui punirait ceux qui n'ont pas été assez sages. Ou encore comme une force, un amas d'énergies qui a créé le monde et se fiche pas mal de savoir ce qu'il devient.

Je te propose un pari : considère que Dieu est une personne. Une personne, c'est-à-dire quelqu'un avec qui on peut entrer en relation, que l'on peut aimer et de qui on peut être aimé. Cela change la donne. Cela signifie que Dieu peut s'intéresser à ta vie. Avais-tu déjà songé que l'on peut entrer en relation avec Dieu ? Et même, cela va bien plus loin, que dirais-tu d'un Dieu qui se préoccupe de toi ? Pas seulement dans les grandes lignes, pas de loin. Et si, pour Dieu, tu n'étais ni un numéro ni un problème de plus, mais un enfant aimé d'un amour unique et particulier ?

En effet, « à l'origine du fait d'être chrétien, il n'y a pas une décision éthique ou une grande idée, mais la rencontre avec un événement, avec une Personne, qui donne à la vie un nouvel horizon et par là son orientation décisive[31] ».

Nous verrons dans les prochains chapitres plus précisément qui est Dieu, comment entrer en relation avec Lui et ce que cette relation change.

31. Benoît XVI, Lettre encyclique *Deus Caritas Est.*

Dans les yeux

C'est incroyable le nombre de choses différentes que l'on peut voir dans une seule journée : des gens qu'on aime, des inconnus, un match de foot au suspense insoutenable, un film décevant, un tableau de maître. Des choses belles et d'autres moches, des choses utiles et inutiles, certaines qui nous font du bien et d'autres qui polluent notre imaginaire. Tout cela uniquement par nos yeux !

Or, sais-tu que nous sommes faits pour voir Dieu ? Nous allons même passer l'éternité à cela ! On se représente parfois le paradis comme un endroit ennuyeux, une sorte de chamallow géant où des anges potelés joueraient de la harpe, surveillés du coin de l'œil par un vieillard à barbe blanche vêtu d'une toge. Ce n'est pas exactement ce qu'il se passera. Au paradis, nous verrons Dieu face à face. Les théologiens appellent cela la « vision béatifique ». Comme le remarque le philosophe Fabrice Hadjadj : « L'expression "vision béatifique" est trompeuse. Surtout en une époque de téléspectateurs. On pourrait s'imaginer dans un fauteuil à assister au mystère divin comme à un grand show. Voyeur. Passif. Avec des chips[32]. » Difficile en effet de croire que la joie parfaite pourrait consister à simplement « être là », dans une civilisation de mouvement, d'action et de bruit comme la nôtre. Pourtant, c'est bien là le bonheur que j'attends : voir Dieu dans les yeux, comme un rendez-vous amoureux qui durerait toujours, puisque le temps n'existera plus. Mais, en attendant ce jour-là, nous devons vivre sans le voir.

J'entends souvent des gens dire : « Si je voyais Dieu, je croirais. » Ce n'est pas si simple que cela. Et même, tu

---

32. Fabrice Hadjadj, *Le Paradis à la Porte, essai sur une joie qui dérange*, Éditions du Seuil, 2011.

pourrais bien avoir toutes les preuves possibles de l'existence de Dieu, cela ne te suffirait pas. Peut-être que cela te paraîtra incroyable, mais j'ai eu la chance de voir des miracles de mes yeux : des personnes en fauteuil roulant qui se sont mises à marcher, des sourds qui se sont mis à entendre. Certains de mes amis qui étaient là au même moment ne sont pas devenus croyants pour autant. Il y aura toujours quelqu'un pour dire : « Mais non, ce n'est pas un miracle, c'est de la manipulation psychologique, de l'autosuggestion. »

Tu pourrais bien avoir une apparition, tu te dirais encore : « C'est le fruit de mon imagination, en fait il n'y a rien du tout. » Aucun signe, aucune preuve ne seront jamais suffisants pour que tu sois certain de l'existence de Dieu. Je ne t'écris pas cela pour te décourager, mais plutôt pour t'éviter de perdre du temps. N'attends pas un signe extraordinaire de Dieu pour croire en Lui. Cherche-le sincèrement avec les moyens que tu as à ta disposition : ta bonne volonté, ton intelligence, ta capacité à aimer. Parce que Dieu nous veut libres. Libres de croire en lui ou non. Si nous le voyions, ce ne serait plus « croire », mais « voir ». Alors que c'est la définition même de la foi : croire sans voir.

C'est toujours un pari, de même qu'une histoire d'amour est toujours une sorte de saut dans le vide : qui peut t'assurer que celui/celle que tu aimes est vraiment « le bon/la bonne » ? Tu peux bien faire le tour des astrologues, des coachs sentimentaux et des amis de bon conseil, il y a toujours un moment où la décision t'appartient et où c'est à toi de choisir d'aimer. Avec Dieu, c'est, dans une certaine mesure, la même chose.

Ce n'est pas comme cela par hasard, c'est même la pédagogie de Dieu. Si tu lis les Évangiles, tu verras que, pendant le temps que Jésus a vécu sur terre il y a deux mille ans, il n'a passé que trois ans à parler aux foules et à guérir des malades. Trois ans, sur trente-trois. Ceci dit, même en trois ans, il aurait bien pu guérir tous les malades de son époque et provoquer un signe gigantesque devant lequel tous auraient dit : « Voici notre Dieu. » Au lieu de cela, il s'est laissé accuser de trouble à l'ordre public et de mensonge, et a été condamné à mort sur une croix. Tu sens bien ici qu'il y a comme une incohérence : si Jésus est vraiment Dieu, alors pourquoi ne « tient-il pas son rôle de Dieu » ? Peut-être simplement parce que Dieu n'est pas celui que nous voudrions qu'Il soit. Parce qu'on ne force pas l'amour.

Quand tu fais une déclaration d'amour à quelqu'un, tu peux prendre le parti de te rappeler toutes les heures à la personne à qui tu t'es déclaré, t'agiter autour d'elle dans tous les sens pour lui montrer combien tu l'aimes et essayer d'avoir une influence sur sa décision. Ou alors, tu peux te mettre à genoux, dire à cette personne que tu l'aimes et te retirer en attendant sa réponse et en respectant le temps de sa décision. Dieu n'est pas un amoureux transi, Il est un fiancé fou d'amour, mais respectueux de ta liberté. Le créateur du monde se met devant toi comme devant une porte close et Il frappe, attendant que tu veuilles bien lui ouvrir.

Plus encore qu'un amoureux, Dieu est un mendiant. Il mendie ton amour, avec tout ce que cela sous-entend : Il accepte de subir ton dédain, ton « J'ai pas le temps », ton « Mais Il n'a pas mieux à faire ? », ton mépris aussi. Tes crachats et tes injures, parfois.

Imagine un couloir de métro de Washington à 7 heures du matin, un vendredi de janvier 2007. Comme tant d'autres, un violoniste joue avec une petite caisse devant lui. En 43 minutes, 1 097 personnes sont passées devant lui, 7 d'entre elles se sont arrêtées plus d'une minute, il s'est enrichi de 32 $, dont 20 ont été déposés par une même personne. Tout ceci serait d'une banalité affligeante si le violoniste n'était pas Joshua Bell, un musicien américain de renommée mondiale, s'il n'avait pas joué sur un Stradivarius de 1713 et s'il n'avait pas interprété quelques-uns des morceaux les plus difficiles qui soient. Trois jours avant, il remplissait le Boston Symphony Hall, et les spectateurs avaient payé plus de 100 $ la place[33].

Les mille personnes du métro ne pouvaient pas se douter qu'elles avaient devant elles un virtuose. En jouant dans le métro gratuitement, en se livrant au bon vouloir des passants, en ne se signalant pas comme celui-qui-remplit-des-salles-de-concert, il a fait exactement l'inverse de ce qu'on attend d'un artiste d'exception. Il en va de même pour Dieu. Dieu ne fait pas ce qu'on attend de Lui : sa présence sur la terre n'est pas annoncée par des anges, ma vie de croyant n'est pas faite d'apparitions et de miracles, personne n'entend la voix de Dieu tonner quand il commet un péché. Rien de tout cela. La foi seule te permet de reconnaître aujourd'hui celui que tu verras un jour face à face.

Seras-tu comme l'un de ces passants dans le métro de Washington ? Sauras-tu t'arrêter ? Le reconnaître ?

33. Cf. http://www.washingtonpost.com/wp-dyn/content/article/2007/04/04/AR2007040401721.html Consulté le 10 mars 2014.

Un point ou un cercle ?

Avant d'évoquer une soirée où la bière coule à flots, le nom de saint Patrick est celui d'un grand évêque irlandais du Ve siècle, célèbre pour un discours prononcé au Rock de Cashel. À la foule assemblée devant lui, l'évêque a montré un trèfle à trois feuilles, expliquant : « Voilà la figure de la Trinité Sainte. »

Même si « l'esprit et le langage humain ne sont pas adaptés pour expliquer la relation qui existe entre le Père, le Fils et le Saint-Esprit[34] », on peut tout de même essayer de comprendre ce que cela signifie[35]. En effet, la Trinité est un des grands mystères de la foi chrétienne, qui vaut la peine d'être abordé ici parce qu'il permet de mieux comprendre qui est Dieu. Accroche-toi, on rentre dans le dur !

De même qu'un seul et même trèfle comporte trois feuilles, que chacune des feuilles est le trèfle et pourtant que chaque feuille est distincte des autres, Dieu est à la fois un et trois. Il n'y a pas trois dieux, mais un seul Dieu en trois personnes : voilà le mystère de la Trinité. Ces trois personnes, le Père, le Fils et le Saint-Esprit, qui sont Dieu, sont réellement distinctes : « Dieu est unique, mais non pas solitaire[36]. » Toutes trois sont Dieu, les trois ne font qu'un.

C'est-à-dire que Dieu « ne vit pas dans une splendide solitude, mais il est plutôt source intarissable de vie qui se donne et se transmet sans cesse[37] ». Dieu est amour parce qu'Il est en lui-même un échange constant d'amour entre

---

34. Benoît XVI, angélus de la solennité de la Trinité, 2010.
35. D'ailleurs, la citation ci-dessus continue ainsi : « Et pourtant, les Pères de l'Église ont cherché à illustrer le mystère de Dieu Un et Trine, en le vivant dans leur existence avec une foi profonde ».
36. Cité dans le Catéchisme de l'Église catholique, § 251.
37. Benoît XVI, angélus de la solennité de la Trinité, 2009.

le Père, le Fils et l'Esprit Saint. Cet amour nous inspire, comme il inspire ces familles où chacun est différent et où pourtant tous vivent unis.

Qu'est-ce que cela implique pour nous ?

Dieu est un Père. Il est même le père le plus parfait qui soit, puisqu'il est Dieu. Cela veut dire que notre vie a été désirée, que nous ne serons jamais abandonnés. Si nous voulons imiter Dieu, cela nous invite aussi à chercher à vivre une forme de paternité, qui que nous soyons et où que nous en soyons. Dieu est Père, Il a un enfant : l'amour de Dieu est créateur[38], décentré de lui-même, source de vie, source de ta vie.

Dieu est un fils. Le Fils parfait, Jésus, qui s'est laissé envoyer par son Père sur la terre il y a deux mille ans. Par l'obéissance du Fils à son Père (alors qu'ils sont de même nature[39]), en prenant la condition d'homme et en venant partager notre humanité, nous ne sommes plus seulement des fils de Dieu, mais devenons frères du Christ. Woosh ! Le message du Fils est donc de nous faire savoir que nous sommes capables de Dieu. De même qu'un alpiniste surentraîné est capable d'escalader l'Everest, toi, par le simple fait que tu vives et que ta vie ait été désirée par Dieu, tu es « capable de Lui[40] ».

Dieu est le Saint-Esprit. Celui qui unit le Père et le Fils. Il est difficile pour nous de comprendre qu'un amour tellement dense et profond les unit et que cet amour soit une personne, le Saint-Esprit. Cela dépasse de beaucoup notre imagination. Le Saint-Esprit est celui qui vit en nous, non

38. Bien que, au sens strict, Jésus est, de toute éternité, « engendré et non pas créé » Cf. le Symbole des Apôtres.

39. Ou « consubstantiel ».

40. Et à plus forte raison si tu es baptisé.

pas comme le souvenir de quelqu'un, mais bien comme la présence de Dieu vivante en nous.

Le père Finet, co-fondateur de la communauté des Foyers de Charité, expliquait : « Le Père, c'est tout l'amour donné. Le Fils, c'est tout l'amour reçu. Le Saint-Esprit, c'est tout l'amour échangé. »

Les Trois s'aiment et l'éternité, puisque Dieu est incréé, se passe dans cet échange d'amour au sein duquel et pour lequel nous avons été créés. Dieu n'est donc pas un point, seul au fond de l'Univers. Il est plutôt un cercle qui englobe tout[41].

La bonne nouvelle est que nous sommes attendus dans cet échange d'amour, dans ce cercle. Bien plus qu'essayer péniblement de comprendre ce que cela signifie, nous sommes invités à vivre au sein de la Trinité, à nous laisser aimer par ce Dieu dont l'amour est actif et, comme les Trois s'aiment, à les aimer et à être aimés en retour.

Ce chapitre est un peu plus technique que les autres, peut-être plus « jargonnant » et plus « caté » aussi. Pour autant, il me paraît essentiel pour bien comprendre de quoi (et de qui !) nous parlons quand nous parlons de Dieu.

41. Le fait qu'Il vive en trois personnes nous évite de tomber dans un panthéisme consistant à penser que, puisque Dieu est tout, tout est Dieu. Au contraire, Dieu est quelqu'un !

Bobsleigh et prédestination

Tu te dis peut-être que le fait de croire en Dieu briderait ta liberté. Tu veux être libre et tu as raison ! Mais que signifie « être libre » ? Si cela veut dire : « Faire ce que je veux, quand je veux, où je veux, avec qui je veux », cela ne résout rien, n'apporte aucune solution. Cette conception de la liberté comme libre-arbitre débouche nécessairement sur une approche égoïste de la vie.

Et si la liberté consistait plutôt à faire les bons choix ? J'ai entendu quelqu'un dire un jour qu'être libre, ce n'était pas de toujours garder dix portes ouvertes devant soi, mais d'en choisir une[42] et d'entrer dans cette pièce.

Dieu ne t'oblige à rien, Il se contente de te proposer de choisir d'être heureux. Même si parfois les circonstances de la vie semblent dessiner un chemin tout tracé, tu as toujours la liberté de choisir. Rien n'est écrit pour toi à l'avance. Qui aurait pu croire que Miuccia Prada, militante communiste à 25 ans, serait à la tête de la multinationale de la mode et du luxe qui porte son nom vingt ans après ?

Bizarrement, on croit parfois que Dieu nous oblige à faire des choses. Ou encore que nous sommes programmés pour faire des choses et que nous n'y pouvons rien. C'est absolument faux ! Cela vient du fait que nous avons du mal à comprendre comment Dieu peut regarder ce qui se passe dans le temps. Pour comprendre cela, imagine que l'Histoire, depuis les dinosaures jusqu'à aujourd'hui, est sur une frise chronologique et que tu la regardes dans son ensemble. Si tu fais cela, tu as le même regard que Dieu sur le monde, sauf que Lui voit également ce qu'il se passera demain, l'année prochaine et dans 1200 ans.

42. La meilleure !

Et c'est comme cela depuis toujours. Il ne t'oblige donc à rien, mais Il voit et sait « par avance » ce que tu vas faire et devenir. Cela n'a donc rien à voir avec quelque forme de prédestination que ce soit.

Pourtant, cela n'empêche pas que Dieu ait un plan, des désirs pour toi. C'est une nuance qui n'est pas forcément facile à concevoir. Dieu, parce qu'Il t'a créé et te connaît mieux que toi-même, sait ce qui est bon pour toi et veut te rendre heureux. Il sait par exemple que ce qui te rendrait le plus heureux serait que tu deviennes champion du monde de bobsleigh. Mais peut-être que tu n'es jamais monté dans un bob de ta vie ! Dieu, dans ce cas, passerait son temps à te dire : « Essaie le bobsleigh, tu vas tellement aimer ! » Toi, tu peux te laisser séduire et, à la faveur des circonstances, te mettre au bobsleigh et effectivement devenir champion du monde. Ou alors, tu peux dire : « Le bobsleigh, ça a l'air bien, mais la glace c'est froid et ça mouille, et puis je ne sais pas si j'arriverai à prendre les virages sans me retourner. En plus, les gens qui font du bob sont toujours habillés avec des tenues moulantes bizarres, je préfère faire du curling. » Peut-être que tu prendras beaucoup de plaisir à faire du curling et même que tu deviendras très bon. Si cela se trouve, à quarante ans, tu monteras dans un bobsleigh pour la première fois et tu te diras : « Pourquoi est-ce que je n'en ai pas fait plus tôt, c'est génial ! » Évidemment que c'est génial, tu étais même « fait » pour devenir champion du monde ! Ou plutôt, tu avais tout reçu de Lui pour cela. Ceci étant dit, dans ce cas précis, que tu deviennes champion du monde de bobsleigh ou que tu choisisses le curling, l'amour de Dieu pour toi ne changera pas. Il ne t'aime pas plus ou moins selon les choix que tu poses. Mais ses vues sont faites pour te réjouir, que tu fasses du bien autour de toi et que tu Le connaisses, de la façon la plus adaptée pour toi. Cela passe toujours par ta décision. C'est à toi de choisir ce que tu veux, personne ne peut le faire à ta place.

Tu aurais pu naître il y a douze siècles ou dans quarante ans. Pourtant, tu es né un jour précis, d'une année précise, dans un contexte donné. Dieu aurait pu te créer à un autre moment, dans un autre pays, dans un milieu radicalement différent. Pourtant, tu vis ici et maintenant. Ce n'est pas un hasard. Tu as été aimé *« dès avant la création du monde*[43] *»*. Tu as quelque chose d'unique à apporter au monde dans lequel tu vis. Personne d'autre que toi ne porte ce que tu as en toi. Veux-tu faire ce cadeau au monde, et te faire ce cadeau à toi-même, de devenir ce que tu es ?

En effet, le choix d'une seule personne peut être déterminant pour le monde entier. Karol Wojtyla a eu le choix, à 22 ans, d'embrasser une carrière de comédien prometteuse ou d'entrer au séminaire pour se préparer à devenir prêtre. Il a choisi la deuxième option et trente-six années après avoir posé ce choix, il est devenu le pape Jean-Paul II, avec le retentissement mondial qu'on sait.

À toi de jouer !

43. Épître aux Éphésiens 1, 20.

L'Amour a un nom et quelques surnoms

C'est important, un nom. Cela dit quelque chose de nous, de notre identité[44]. Le Nom de l'Amour, c'est « Jésus ». Ce nom vient d'un mot araméen qui veut dire « Dieu sauve ». Tu imagines cela ? Le nom de Dieu pourrait être « le Terrible », « Vengeance » ou « Justice », au lieu de cela c'est « Dieu sauve », c'est-à-dire, en fait : « Tu es sauvé » ! Le projet de Dieu, contenu dans son Nom, c'est que tu sois sauvé. C'est ce qu'a fait Jésus, par sa vie sur terre. En mourant sur la croix, Jésus t'a sauvé de la mort éternelle et du péché[45]. Il l'a fait sans que nous le méritions, ni toi ni moi, et sans que nous ne puissions jamais le mériter. Il l'a fait pour tous les hommes, mais sois certain que s'Il avait dû le faire « juste pour toi », Il l'aurait fait. La croix n'est pas d'abord le signe de la souffrance, mais de l'amour : tu es aimé jusque-là !

L'Amour a aussi quelques surnoms. Ces surnoms précisent qui Il est, à quoi Il ressemble, ce qu'Il aime et comment Il agit[46].

La tradition juive appelle Dieu du nom d'« *Elohim* », c'est-à-dire l'Eternel. Dans le livre de l'Exode, Dieu dit par exemple : *« Je suis celui qui suis*[47] *»*. Ça n'a l'air de rien, dit comme ça, mais c'est une nouvelle incroyable ! Cela veut dire que Dieu n'a jamais été créé, qu'Il existe depuis

---

44. Non, je ne parle pas des centaines de livres qui encombrent les rayons des librairies sur le Top 100 des prénoms de bébé !
45. Cf. le Catéchisme de l'Église catholique, § 1741 : « Par sa Croix glorieuse, le Christ a obtenu le salut de tous les hommes. Il les a rachetés du péché qui les détenait en esclavage ».
46. Tous ces « surnoms » sont tirés de la Bible, quand Dieu parle de lui-même.
47. Cf. Exode 3, 14.

toujours. Cela veut surtout dire que Dieu ne change pas. Il est le même hier, aujourd'hui et demain[48]. Enfin quelque chose (quelqu'un !) de stable dans ce monde où tout bouge !

On dit souvent que Jésus est « le Christ ». Étymologiquement, le terme de Christ renvoie à celui qui a reçu l'onction, le sceau indélébile. Dans la tradition juive, l'onction est le symbole qui confère la royauté. Ce nom est lourd de sens. Cela veut dire que Jésus est vraiment celui qu'Il dit être, le Fils de Dieu et le Seigneur, et qu'Il a reçu un mandat pour cela puisqu'Il a reçu l'onction. C'est incroyable de penser que Jésus, alors même qu'Il est Dieu comme son Père est Dieu, s'est laissé envoyer par son Père. Quelle humilité ! J'ai écrit trois phrases plus haut que Jésus est « le Seigneur ». Si tu te souviens de tes cours d'Histoire de CM2, le mot « seigneur » t'évoquera l'image caricaturale d'un riche propriétaire de château qui vole ce qui ne lui appartient pas et maltraite les pauvres gens qu'il a sous sa responsabilité. Avec Jésus, c'est exactement le contraire : Il a tout sous son pouvoir et pourrait gouverner en maître. Au lieu de cela, Il se fait pauvre et mendie ton amour. Sans même que tu le saches, Il a tout fait pour toi : Il t'a créé, aimé, sauvé. Et Il n'attend que ton amour en retour. Dieu est Dieu, il n'y a pas de problème là-dessus. Mais sa manière d'être tout-puissant, c'est de se faire tout petit.

Dieu est « *Adonaï* », un autre nom de la tradition juive qui signifie « le Seigneur » ; mais Il est aussi « Emmanuel », ce qui veut dire « Dieu avec nous ». Quand j'ai écrit plus haut que Jésus s'est laissé envoyer, je voulais parler du moment précis où Dieu est entré dans l'Histoire de l'Homme, en venant partager notre condition il y a deux

48. Cf. Hébreux 13, 8.

mille ans. Il n'a pas supporté que nous continuions à nous perdre et est devenu un homme, au milieu des autres hommes. Il a vécu, aimé et souffert sur la terre et nous a sauvés. Pour que ce ne soit plus simplement « Dieu avec nous », mais aussi « Nous avec Dieu ». Pour autant, Il est aussi YHWH. Le Tétragramme imprononçable[49]. Dieu est, selon l'expression de certains théologiens, le Tout-Autre.

Dans la Bible, on peut lire aussi que Dieu est « *Abba* », c'est-à-dire « Père », mais avec une tonalité affectueuse. Tu as le droit d'appeler Dieu : « Papa » ! Il y a si peu de personnes qui savent cela. Pourtant, la prière chrétienne la plus connue est probablement le « Notre Père » et il y aurait tant à dire simplement sur ces deux mots. Par exemple, quand tu dis : « notre », tu t'inclus. Tu reconnais que Dieu a quelque chose à voir avec toi et que tu partages ce « quelque chose » avec tous ceux qui disent ces mots. Ce « quelque chose », c'est le fait que Dieu soit ton Père. On aurait pu dire « notre créateur », « notre origine » ou beaucoup d'autres choses ; au lieu de cela, nous disons « notre Père ». Comme Il est Dieu, Il est le père parfait. Quand je dis cela, je ne prends pas Dieu pour un ami imaginaire, je ne m'invente pas une histoire merveilleuse dans laquelle je serais le fils d'un prince qui habiterait un château formidable au milieu d'une forêt magique. Ou plutôt si, le fait que Dieu soit mon Père est une chose formidable, merveilleuse. Mais elle est surtout vraie. Ton identité, c'est d'être fils/fille de Dieu. Cela veut dire que tu as été créé par Dieu, qu'Il a voulu ta vie quelles qu'aient été les conditions de ta naissance, qu'Il prend soin de toi.

Il y aurait beaucoup à dire sur tous les autres « surnoms » de Jésus. Dans les Évangiles, Jésus dit à de nombreuses reprises « Je suis » : le Bon berger, le Pain de vie,

49. Certains s'y essaient tout de même, en disant *Yahvé* ou *Jéhova*.

la Résurrection, etc. Chacun de ces surnoms dit quelque chose de Dieu : qui Il est, quels sont ses projets, comment Il regarde les hommes et comment Il te regarde toi. Mais ce qui compte, c'est que ce Dieu-là t'appelle par ton nom et connaît le nombre des cheveux qui sont sur ta tête[50] !

50. Cf. Matthieu 10, 30.

Nietzschéen deux jours par an

Je suis Nietzschéen[51] deux jours par an, le vendredi et le samedi qui précèdent Pâques. Chaque année, quand les chrétiens fêtent Pâques, ils se rappellent que Jésus est mort sur la croix un vendredi il y a vingt siècles. Cela aurait pu être le point final d'une belle histoire, à classer dans les encyclopédies à la rubrique « Morts célèbres » entre l'assassinat de Jules César par Brutus et celui de J.F. Kennedy, tué par balles à Dallas.

Mais la mort de Jésus sur la croix n'est pas le fin mot de l'histoire. Le troisième jour après sa mort, Jésus ressuscite. Ceux qui l'avaient enterré ont bien été obligés de le constater : le tombeau dans lequel ils avaient déposé son corps était désert, alors même qu'une pierre énorme bloquait l'entrée et que des soldats en assuraient la garde. Voilà la seule vraie bonne nouvelle : Jésus était mort et Il est vivant ! Cela veut dire que désormais, la mort n'aura plus jamais le dernier mot. Dieu est le Vivant, pour toujours. Et nous sommes faits pour participer à cette vie-là, comme j'ai essayé de te l'expliquer plus haut. Notre vie sur terre n'est donc que le prologue de la vie que nous vivrons pour l'éternité. Si ce que je t'écris est vrai, tout n'est-il pas différent, nouveau ?

La mort a perdu. Dieu est allé jusqu'à mourir pour que la mort elle-même « change de régime », pour que la mort soit visitée par la vie et soit ainsi anéantie par elle.

Dieu, qui est la vie, a accepté de mourir. Il y a là quelque chose d'impossible à concevoir intellectuellement, comme si de l'eau prenait feu ou qu'un arbre se mettait à danser.

51. Nietzsche est un philosophe nihiliste qui a écrit sur la « mort de Dieu », cf. *Le gai savoir*, Aphorisme 125, L'insensé.

L'amour de Dieu pour toi est allé jusque-là, comme un père irait chercher son fils drogué dans le pire des squats. Et après qu'Il a accompli cette œuvre, Dieu s'est *« relevé d'entre les morts »* et est revenu à la vie. Il nous a promis qu'Il serait présent tous les jours, jusqu'à la fin du monde. Pas comme un fantôme qui hanterait une maison ou un zombie dans un mauvais film d'horreur. Dieu est réellement vivant et présent aujourd'hui dans le monde, même si on ne le voit pas de nos yeux[52].

La mort ne peut donc plus être un objet de peur, l'espérance remplace désormais la crainte. Parce que nous ne sommes pas livrés à notre sort sur terre et parce que la mort n'est qu'un passage vers une réalité bien plus belle et bien plus grande. Nous ne sommes pas faits pour la mort, mais pour la vie !

52. Cf. le chapitre « Voir Dieu ».

Les deux

On imagine parfois que la place de la Vierge Marie dans la foi est optionnelle. Qu'elle correspond à une forme de spiritualité gélatino-mielleuse et que, après tout, on peut bien s'en passer. Ce n'est visiblement pas le point de vue de Dieu : Il lui a accordé un rôle absolument primordial dans l'Histoire du Salut [53]. En effet, elle est la seule créature à être pleinement fille du Père, épouse du Saint-Esprit et Mère du Fils, d'une manière tout à fait unique et excellente.

Fille. Marie est « immaculée conception », c'est-à-dire qu'elle a été créée sans être d'emblée victime ou complice des péchés de ce monde ni aliénée par eux (ce qu'on appelle le péché originel [54]) ; ni sans cet attrait désordonné au péché que nous avons en nous (la concupiscence). Plus encore, elle répond favorablement au projet de son Créateur en acceptant d'être la Mère de Jésus.

Épouse. Marie est « l'épouse inépousée ». Elle est profondément unie au Saint-Esprit à tel point qu'on dit qu'elle en est l'épouse. Pour autant, elle est la Vierge. En effet, « la virginité de Marie manifeste l'initiative absolue de Dieu dans l'Incarnation. Jésus n'a que Dieu comme Père [55] ». Et encore : « Marie est vierge parce que sa virginité est le signe de sa foi que nul doute n'altère et de sa donation sans partage à la volonté de Dieu [56]. »

Mère. Elle est la Mère de Dieu, la Mère de Celui qui n'a pas été créé. C'est l'un de ces paradoxes dont Dieu a

53. C'est-à-dire comment Dieu nous a sauvés.
54. Cf. « Au milieu du Paradis, il y a un skate park ».
55. Concile de Frioul en 796, cité dans le Catéchisme de l'Église catholique, § 503.
56. *Ibid.* au § 506.

le secret. Toujours est-il que Marie a eu le privilège, avec Joseph, d'entendre les premiers mots sur la terre de Celui qui est le Verbe de Dieu et de nourrir Celui qui s'est fait Pain du Ciel. Plus encore, Marie devient, à la demande de Jésus sur la Croix, la Mère de tous les hommes. En effet, Jésus a fait de sa mère la mère de tous au moment le plus crucial de son existence : juste avant d'expirer, Il l'a confiée à son disciple Jean en lui disant qu'à partir de cet instant, elle serait sa mère.

Vierge et mère. Humaine et sans péché. Parmi nous, Marie a vécu de façon divine et céleste ce que nous ne connaîtrons parfaitement qu'au Ciel. Une manière pour nous de nous dire : « Si elle l'a fait, alors, c'est possible ! »

De fait, Marie a été un soutien pour un nombre incalculable de croyants. Ainsi, en novembre 1883, une petite fille est au plus mal : sa mère est décédée quelques années plus tôt et cette absence est très difficile à supporter. L'enfant, qui a neuf ans, est malade et personne ne parvient à trouver de quoi elle souffre et encore moins à la guérir. Pendant plusieurs jours, son état s'aggrave et sa famille, qui craint pour sa vie, n'a plus que le recours de la prière. Ses sœurs placent alors une statue de la Vierge dans la chambre de la malade et prient Notre-Dame des Victoires. La petite fille est alors guérie miraculeusement et retrouve rapidement la santé. Elle dira plus tard : « La Sainte Vierge m'a fait sentir que c'était vraiment elle qui m'avait souri et m'avait guérie. J'ai compris qu'elle veillait sur moi, que j'étais son enfant, aussi je ne pouvais plus lui donner que le nom de "Maman" car il me semblait encore plus tendre que celui de Mère. Avec quelle ferveur ne l'ai-je pas priée de me garder toujours. » Quelques années plus tard, cette enfant miraculée entrera au Carmel et est aujourd'hui connue partout dans le monde sous le nom de sainte Thérèse de Lisieux.

Les saints qui ont développé un attachement particulier à Marie sont innombrables : Louis-Marie Grignion de Montfort, Bernadette de Lourdes, Jean Bosco, Jean-Paul II, Alphonse de Liguori et beaucoup d'autres. Et combien d'anonymes qui ont médité la vie du Christ à travers le chapelet pendant leur labeur, leurs trajets ? Combien ont vécu au rythme des angélus qui sonnaient au clocher de l'église voisine ? Aujourd'hui encore, en particulier dans des milieux simples où la ferveur populaire a encore toute sa place, on confie ses difficultés à la « bonne Mère ».

Marie est un pont entre nous et Dieu. Saint François de Sales explique cela en précisant que Marie est à la fois notre mère et la reine du Ciel : elle peut tout « car son bien-aimé Fils lui a donné tout pouvoir, tant au Ciel comme sur terre » et plus encore, elle veut être notre soutien « car elle est la commune mère de tous les humains et particulièrement la mienne ». Le saint évêque de Genève continue, en parlant d'une demande qu'il aurait adressée à la Vierge Marie :

> « Si vous ne pouviez, je vous excuserais, disant : il est vrai qu'elle est ma Mère et qu'elle me chérit comme son fils, mais la pauvrette manque d'avoir et de pouvoir.
> Si vous n'étiez ma Mère, avec raison je patienterais, disant : elle est bien assez riche pour m'assister ; mais, hélas ! n'étant pas ma Mère, elle ne m'aime pas.
> Puis donc, très douce Vierge, que vous êtes ma Mère et que vous êtes puissante, comment vous excuserais-je si vous ne me soulagez et ne me prêtez votre secours et assistance[57] ? »

57. Cité in R.P Huguet, *Mois de Marie Immaculée de saint François de Sales*, Librairie catholique de Perisses Frères, 1858.

Tu es aimé

Sais-tu que tu es aimé ? Je veux dire : vraiment aimé. Je ne te parle pas des sentiments que ta famille, tes amis ou des amours de passage t'ont manifestés. Si tu as été aimé par ces personnes, c'est déjà un immense privilège qui n'est pas le lot de tous. Mais quand j'écris : « Tu es aimé », je veux dire que quelqu'un a désiré ta vie, l'a voulue de tout son cœur. Ce quelqu'un, c'est Dieu.

Il y a même mieux que cela. Tu es aimé inconditionnellement et gratuitement. Tu es aimé que tu sois premier de classe, dealer, polytechnicien, boulanger, étudiant ou à la rue. Tu es aimé quoi que tu aies fait et quoi que tu puisses faire, et tu n'as rien à faire pour mériter cela. Comment pourrais-tu mériter l'amour de Dieu ? Tu es aimé gratuitement, absolument et définitivement[58].

Difficile, aujourd'hui, de croire à un amour qui soit à la fois gratuit, immérité et éternel.

Dieu t'aime. Cette phrase peut paraître banale, déjà vue, vidée de sens. Et pourtant. Imagine, si cela est vrai. Alors, la vie n'est plus une course à la réussite, avec un quota de satisfactions à remplir avant de mourir façon « Les 100 lieux qu'il faut voir ». Mon but, en t'écrivant cette lettre, est de te faire une déclaration d'amour de la part de Dieu. Tu connais la règle du jeu : quand on nous fait une déclaration, on est libre d'en faire ce qu'on en veut. Tu peux accepter, refuser, tu peux même te moquer de la personne qui, l'air de rien, a fait un acte d'humilité en te dévoilant son cœur. La particularité de cette déclaration-là est qu'elle sera toujours d'actualité. Tu peux refermer

58. *« En ceci consiste l'amour : ce n'est pas nous qui avons aimé Dieu, mais c'est lui qui nous a aimés le premier »*, 1ère épître de Jean 4, 10.

maintenant ce livre en te disant que ce n'est que du baratin et, dans dix ans, te rappeler cette déclaration d'amour et vivre en amoureux.

C'est cela qui compte, en définitive. Pas de cocher toutes les cases du petit chrétien bien sous tous rapports. Ce qui importe, c'est que tu vives une relation amoureuse avec Dieu et que cela ait une influence sur toute ta vie.

Good enough is not enough

Il y a des livres qui vous bouleversent. *La Cité de la joie*[59], de Dominique Lapierre, fait partie de ces ouvrages que je relis régulièrement, sûr que j'y trouverai à chaque fois quelque chose de nouveau. La dernière fois que je l'ai lu, je suis tombé sur un passage qui ne m'avait pas marqué jusqu'alors. L'auteur raconte une entrevue avec Mère Teresa. Il décrit le dortoir dans lequel il la voit en train de soigner un mourant. Penchée sur cet homme à l'agonie, la sœur au sari bleu et blanc lui prodigue des soins avec une infinie douceur, lui souriant et lui prenant la main. Apercevant Dominique Lapierre qui arrive pour leur rendez-vous, Mère Teresa interpelle un jeune volontaire venu travailler dans cet hôpital et lui désigne le malade étendu sur son lit : « Aime-le, aime-le de toutes tes forces. »

On est loin du sentiment éthéré, furtif, fleur bleue. L'amour dont parle Mère Teresa redonne sa dignité à celui qui n'en a plus, nous fait faire des choses impossibles, il change le monde.

As-tu remarqué que, quand on qualifie l'amour, on le dénature ? Quand je dis : « Je t'aime bien », « Je t'aime beaucoup » et même : « Je t'aime trop », j'aime moins que quand je dis : « Je t'aime ». Ce que je veux dire par là, c'est qu'en matière d'amour, *good enough is not enough*[60]. Ne te contente pas d'aimer un peu, aime. Comme le disait mon prof de philo à la fac : « Si on peut dire : "Je n'aime plus", c'est qu'en fait, on n'a jamais aimé. »

---

59. Dominique Lapierre, *La Cité de la Joie*, Paris, Éditions Robert Laffont, 1985.
60. « Assez bien, ce n'est pas assez ».

L'amour, le vrai, est sans limite. Il est une raison pour laquelle vivre et donner sa vie, et tu es fait pour cet amour-là. Pour aimer et être aimé de toute ton âme, de tout ton esprit, de toutes tes forces. C'est cet amour qui a poussé Maximilien Kolbe à faire l'impensable : alors qu'il est emprisonné à Auschwitz en juillet 1941, un homme s'évade du camp. Aussitôt tous les prisonniers sont réunis et dix hommes vont être condamnés à mort en représailles. L'un des hommes tiré au sort supplie de ne pas être tué : il est père de famille et pleure à cause de sa femme et de ses enfants qu'il ne reverra plus. Le père Kolbe sort du rang et dit : « Je voudrais mourir à la place de ce condamné. » À la question : « Qui es-tu ? » posée par l'officier nazi, Kolbe répond : « Je suis un prêtre catholique de Pologne, je voudrais prendre sa place, car il a une femme et des enfants. » Sa demande est acceptée et le père de famille survivra à la guerre. Maximilien Kolbe, lui, condamné avec d'autres à mourir de faim et de soif dans un bunker à peine éclairé, sera le dernier survivant parmi ses compagnons et sera finalement exécuté d'une injection de phénol le 14 août 1941. Au milieu même de cet enfer, on raconte que le père Kolbe chantait et soutenait ses compagnons. Certains disent même qu'il avait l'interdiction de regarder ses bourreaux tellement son regard était bouleversant.

Voilà l'amour : aimer sans compter, sans chercher à se récupérer ou à trouver son avantage. Les trente-cinq premiers papes sont morts martyrs[61], morts par amour et pour l'Amour, comme tant d'autres hommes et de femmes depuis des siècles. Plusieurs milliers de personnes ont vécu la radicalité de l'amour jusqu'à la mort. Et combien

61. L'Église considère en effet comme saints et martyrs tous les papes antérieurs à Sylvestre Ier (élu pape en 314). Cf. Qu'est-ce qu'un grand pape ? Sur Lavie.fr, consulté le 25 avril 2014.

d'autres, inconnus, qui livrent leur vie chaque jour dans le service des pauvres ou dans le don gratuit de leur vie jour après jour pour le salut d'autres âmes ? Tu le comprends bien : la question n'est pas de mourir martyr ou dans son lit. La question est de vivre une vie donnée. Pas « un peu » donnée, pas « plutôt » donnée, mais donnée. Les modalités importent peu, finalement.

C'est pour cela que, pour qu'une personne soit reconnue comme sainte, on ne cherche pas à démontrer sa perfection, sans quoi il n'y aurait aucun saint, mais « l'héroïcité des vertus ». C'est-à-dire : a-t-elle vécu la foi, l'espérance et l'amour d'une façon extraordinaire ?

Notre vie ne sera pas jugée en pesant nos bonnes actions d'un côté et les mauvaises de l'autre. Quand nous aurons à faire le bilan de notre vie, nous n'aurons pas à répondre de ce que nous avons fait, mais comment nous l'avons fait : « Au soir de la vie, nous serons jugés sur l'amour[62]. »

62. Saint Jean de la Croix.

Spoiler

J'ai découvert il y a quelques semaines un site qui m'a beaucoup amusé : Etenfaitalafin.fr. Le principe est simple : en une phrase ciselée, on apprend la fin d'un film qu'on n'a pas encore vu. Par exemple, pour *Douze hommes en colère* : « Et en fait à la fin, ils le déclarent non coupable » ou « Et en fait à la fin, il tue l'empereur, mais meurt quand même » pour *Gladiator*. On peut, bien sûr, partager la fin d'un film sur les réseaux sociaux en cliquant sur le bouton « Gâcher la vie de mes amis ». Rien de pire en effet qu'un *spoiler*[63], un message qui raconte la fin d'une histoire ou qui révèle les rebondissements d'un film, en gâchant ainsi l'effet de surprise.

Mais ce qui est vrai pour un film ne l'est pas pour la « vraie vie » : nous aimerions tant savoir si nous allons réussir le concours que nous préparons, si nous obtiendrons une bourse ou un emploi que nous convoitons, si le résultat d'un examen médical sera positif ou non. Nous aimerions tant savoir s'il y a une vie après la mort.

Je ne suis pas devin, mais une chose est sûre : et en fait à la fin, Dieu nous proposera son salut et son pardon. Il ne s'agit pas d'une possibilité parmi plusieurs, mais d'une certitude absolue : la victoire est déjà acquise et nous sommes déjà sauvés par la mort et la résurrection de Jésus. Aucune ambiguïté, pas de combat haletant entre le bien et le mal dont l'issue serait incertaine ; le match est déjà joué[64] et gagné ! C'est la différence entre l'espoir et l'espérance. On place son espoir en quelque chose qu'on aimerait se voir réaliser, mais dont on n'est pas sûr. L'espérance, quant à

63. De l'anglais *spoil* : gâcher.
64. Mais le coup de sifflet final n'a pas encore retenti, ce que nous attendons !

elle, ne déçoit pas[65] : je suis certain de la « fin de l'histoire ». À la fin, il y a Dieu qui propose son salut et son pardon.

Nous vivons donc sur la terre une vie d'espérance, d'attente active de ce que nous désirons plus que tout : le bonheur d'aimer et d'être aimés en retour de façon inconditionnelle et permanente ; c'est-à-dire la vie éternelle, le paradis.

Bien sûr, les petites difficultés du quotidien et les grandes épreuves de notre vie font que nous remettons parfois en cause cette espérance. Ai-je vraiment raison d'attendre la vie éternelle quand, autour de moi, le monde est en feu et que les révoltes grondent ? Ai-je vraiment raison de croire en l'amour quand tout s'effondre, quand la solitude m'étouffe et que rien ne semble plus valoir le coup ? Ai-je raison de croire que ce que je fais a du sens quand je vais d'échec en déception ?

Oui, et cent fois oui, et mille fois oui. Parce que l'espérance n'est pas une possibilité, mais une certitude absolue. Parce que l'espérance ne sera pas déçue. Aussi certain qu'après la nuit, le soleil va se lever. Aussi sûr qu'un jour, nous mourrons. Alors espère, sois fort et prends courage[66] !

> « L'espérance [nous a été donnée], une espérance fiable, en vertu de laquelle nous pouvons affronter notre présent : le présent, même un présent pénible, peut être vécu et accepté s'il conduit vers un terme et si nous pouvons être sûrs de ce terme, si ce terme est si grand qu'il peut justifier les efforts du chemin[67]. »

65. Cf. Épître aux Romains 5, 5.
66. Psaume 26.
67. Benoît XVI, Lettre encyclique *Spe salvi*, § 1.

3. CONCRÈTEMENT

Si tu en es arrivé à ce point de ma lettre, c'est que la déclaration d'amour que je t'ai faite plus haut de la part de Dieu ne t'a pas fait partir en courant. Peut-être même qu'elle t'a interpellé et que tu aimerais vivre de cet amour-là.

Les supporters du club de football de Liverpool ont une devise : *You'll never walk alone*[68]. Quand ils sont rassemblés dans le stade, chauffés à blanc et hurlant le nom de leurs idoles, ils doivent effectivement se sentir unis. Mais qu'en est-il quand ils rentrent chez eux, après le match ? Il en est de même pour la foi. Parfois, on a l'impression qu'on pourrait passer notre vie en prière tellement on est « dedans », le réel nous rappelle vite à l'ordre…

J'ai souvent fait le constat que je suis incapable d'aimer, à la fois Dieu et ceux qui m'entourent. Pas par mauvaise volonté, ni par méchanceté, mais je n'y arrive pas. Comment aimer ? Veux-tu être aimé ? Veux-tu te laisser aimer ?

Voici quelques moyens pour cela.

68. Littéralement « Tu ne marcheras plus jamais seul ».

Saint en Converse

Une statue aux couleurs défraîchies, la tête légèrement penchée, sourire béat aux lèvres. Dans l'imaginaire collectif, un saint est un ascète qui a vécu il y a longtemps. Une personne dont la vie devait être faite de jeûnes, de prières incessantes, de sacrifices. Quoi qu'il en soit, c'était avant.

Parfois, pourtant, une Mère Teresa, une Sœur Emmanuelle ou un Abbé Pierre nous rappellent qu'il y aurait peut-être bien des saints aujourd'hui. Mais ce sont les autres. Ceux-là sont religieux, vieux, probablement parfaits depuis toujours. Pas moi, en somme.

Saint Jean-Marie Vianney – le saint Curé d'Ars – disait des saints qu'« ils n'ont pas tous bien commencé, mais ils ont tous bien fini ». En effet, la litanie des saints n'est pas une suite ininterrompue de premiers de classe et de bien-comme-il-faut. Trois exemples, pour s'en convaincre :

Charles de Foucauld[69]. Issu d'une famille aristocratique, il se retrouve, à dix-neuf ans, à la tête d'un patrimoine équivalent à environ 2 millions d'euros actuels[70]. Alors qu'il est élève à l'École de cavalerie de Saumur, il fait venir des prostituées de Paris, est puni à plusieurs reprises pour désobéissance et se classe bon dernier aux examens de sortie. Le début de sa vie militaire est du même acabit : il vit en concubinage avec une actrice et dépense tout son argent dans les fêtes qu'il organise, à tel point que sa tante le place sous tutelle afin qu'il ne dilapide pas toute sa fortune. De cette époque de sa vie, Charles dira lui-même :

---

69. Cf. Jean-Jacques Antier, *Charles de Foucauld*, Éditions Perrin.
70. D'après les informations disponibles sur le site de l'Insee.

« J'étais moins un homme qu'un porc. » Plus tard, alors qu'il explore le désert marocain[71], il fait une première expérience de Dieu à travers la foi de bédouins musulmans. Il se convertit radicalement à Paris, en 1886, en se confessant à un prêtre : « Aussitôt que je crus qu'il y avait un Dieu, je compris que je ne pouvais faire autrement que de ne vivre que pour Lui : ma vocation religieuse date de la même heure que ma foi : Dieu est si grand. Il y a une telle différence entre Dieu et tout ce qui n'est pas Lui[72]. » Ensuite, il cherche sa vocation dans différents ordres religieux avant d'aller vivre dans le désert du Hoggar, au sud de l'Algérie. Il y restera pendant quinze ans, seul, partageant la vie des Touareg. Il meurt assassiné devant le lieu où il vit par des pillards qui pensent trouver des armes chez lui.

Edith Stein. Née dans une famille juive allemande en 1891, Edith perd la foi à quinze ans : « En pleine conscience et dans un choix libre, je cessai de prier[73]. » Élève brillante, elle étudie de nombreuses disciplines à l'université (philologie, histoire, psychologie expérimentale[74]) en même temps qu'elle milite pour le droit de vote des femmes : « Jeune étudiante, je fus une féministe radicale[75]. » En 1914, elle entame des études de philosophie et devient l'élève d'Edmund Husserl, le fondateur de la phénoménologie. Ses études sont interrompues par la guerre au cours de laquelle elle devient infirmière à la Croix Rouge. En 1917, elle soutient sa thèse, dirigée

71. Travail de première importance, réalisé entre 1882 et 1884, pour lequel il obtiendra la Médaille d'or de la Société de géographie en 1885.
72. Lettre de Charles de Foucauld à Henri de Castries du 14 août 1901.
73. Biographie officielle d'Édith Stein sur le site du Vatican (Vatican.va), consulté le 24 février 2013.
74. Yael Hisch, *Édith Stein, une sainte controversée*, In Conserveries Mémorielles n° 14, 2013 : « Les saints et la sainteté ».
75. *Ibid.*

par Husserl, sur « le problème de l'empathie » et devient l'une des premières femmes à obtenir ce diplôme avec la mention *summa cum laudae* : la meilleure note possible. Elle devient ensuite la collaboratrice d'Husserl. Pendant cinq ans, elle est travaillée par la foi chrétienne. La lecture des textes de sainte Thérèse d'Avila est l'élément décisif qui la pousse à demander le baptême[76], qu'elle reçoit le 1er janvier 1922. Dès lors, elle souhaite entrer au Carmel, mais doit attendre près de dix ans au cours desquels elle enseigne, donne des conférences, traduit des auteurs, écrit. Elle entre finalement au carmel de Cologne le 14 octobre 1933 et prend peu après le nom de Sr Thérèse-Bénédicte de la Croix. Le 2 août 1942, la Gestapo vient l'arrêter dans la chapelle du carmel. Elle dit alors à sa sœur, arrêtée en même temps qu'elle : « Viens, nous partons pour notre peuple. » Elle aurait pu se défendre en disant qu'étant devenue catholique, et à plus forte raison religieuse, elle n'a plus rien à voir avec le peuple juif. Au lieu de cela, Edith accepte d'être unie à ceux que l'on hait et meurt gazée à Auschwitz le 9 août 1944.

Jacques Fesch. Fils de bonne famille de la région parisienne, Jacques va de collège en collège, renvoyé à chaque fois au bout de quelques mois. Il se marie à vingt ans sur un coup de tête et devient papa d'une petite Véronique à vingt et un ans[77]. Trois ans après la naissance de sa fille, il a un rêve : acheter un voilier. Son père refusant de lui donner l'argent pour cela, il braque un agent de change du quartier de la Bourse le 25 février 1954. En tentant de s'échapper, il est reconnu, un policier lui crie de s'arrêter et tire. Jacques dégaine à son tour et touche le policier en

76. « Quand je refermai le livre, je me dis : ceci est la vérité », *ibid.*
77. Cf. en 1957, en France : Jacques Fesch, « saint » guillotiné, Brigitte Vital-Durand. In *Libération* du 5 février 1998.

plein cœur. Dans la France d'après-guerre, le meurtre d'un agent de police est un crime impardonnable aux yeux de l'opinion publique, d'autant plus que l'homme était veuf et laissait une orpheline de quatre ans. À l'issue de son procès très médiatisé, en avril 1957, Jacques est condamné à la peine de mort. Au cours de son incarcération dans des conditions extrêmement rudes[78], il fait une expérience spirituelle :

> « Au bout d'un an de détention, il m'est arrivé une douleur affective très forte qui m'a fait beaucoup souffrir et brutalement, en quelques heures, j'ai possédé la foi, une certitude absolue. J'ai cru et ne comprenais plus comment je faisais pour ne pas croire. La grâce m'a visité, une grande joie s'est emparée de moi et surtout une grande paix. Tout est devenu clair en un instant[79]. »

Juste avant d'être guillotiné dans la cour de la prison de la Santé le 1er octobre 1957, il écrit dans son carnet : « Plus que cinq heures à vivre ! Dans cinq heures, je verrai Jésus ! » Son procès de béatification est en cours.

Non, vraiment les saints ne sont pas des gens bien sous tous rapports, encore moins une armée de clones. Rien qu'en découvrant la vie de ceux qui ont leur nom dans le calendrier, tu pourrais faire la connaissance d'une prostituée, d'un ancien persécuteur de chrétiens, d'un sdf,

---

78. « Seul en cellule, il devait se lever à sept heures, avait seulement droit à une demi-heure de promenade journalière, toujours seul, ainsi qu'à trente minutes de parloir par semaine, un unique colis par mois, trois livres par semaine, avec une journée continuellement rythmée de la même manière, qui aboutissait toujours à une extinction des feux à 19 h. » Cf. Amisdejacquesfesch.fr, consulté le 24 février 2014.

79. *Lumière sur l'échafaud*, suivi de *Cellule 18*, Éditions Pierre Téqui : lettre de Jacques à Thomas datée du 8 mai 1955.

de chefs de guerre, d'un cuisinier, d'un éducateur, etc. Et si l'on cherche à connaître leur personnalité, on se rend compte qu'il y a des colériques, des patients, des solitaires, des « sociaux », des orateurs, des maladroits. Il y a de tout. Comme dans la vraie vie. Les saints ne sont pas des gens hors du temps, ils ont vécu cette vie que nous connaissons si bien, faite de joie, de déceptions, d'espérances folles et de ratés monumentaux. Ils ont été, selon leur époque, les contemporains de Vercingétorix, Christophe Colomb, Catherine de Médicis, Victor Hugo ou Marie Curie. Ils ont marché dans les mêmes rues, mangé les mêmes nourritures, porté les mêmes vêtements que ceux de leur époque.

Et ce n'est pas fini. Qui seront les saints contemporains de Barack Obama ? Qui seront les saints qui auront porté des Converse, mangé au Mac Do et envoyé des textos sur un iPhone ? Toi ?

Le monde a besoin que tu sois un saint. Comme on l'entend souvent dans les églises (et pas assez à l'extérieur), « un saint, ce n'est pas quelqu'un qui ne tombe jamais, c'est quelqu'un qui se relève à chaque fois ». Être saint, c'est vouloir ce que Dieu veut. Tu l'as compris, Dieu te veut heureux. Épanoui, rayonnant, arrivé au sommet de ce que tu peux être et donner. Saint, en somme. Le moyen pour cela est secondaire, cela s'appelle la vocation. Il y a des saints qui ont fait de grandes choses : ils ont exploré le monde, bâti des églises, créé des communautés, parlé partout. D'autres ont fait de petites choses, mais avec une telle intensité que cela a eu un retentissement sur le monde entier. Comme l'a dit saint Ignace de Loyola : « Un seul instant de pure charité vaut mieux que toutes les œuvres du monde. »

Ne te résous pas à vivre une petite vie, tu n'es fait ni pour la médiocrité ni pour la demi-mesure. Tu es fait pour changer le monde !

« Les saints, avons-nous dit, sont les vrais réformateurs. Je voudrais maintenant l'exprimer de manière plus radicale encore : c'est seulement des saints, c'est seulement de Dieu que vient la véritable révolution, le changement décisif du monde. Au cours du siècle qui vient de s'écouler, nous avons vécu les révolutions dont le programme commun était de ne plus rien attendre de Dieu, mais de prendre totalement dans ses mains le destin du monde. Et nous avons vu que, ce faisant, un point de vue humain et partial était toujours pris comme la mesure absolue des orientations. L'absolutisation de ce qui n'est pas absolu mais relatif s'appelle totalitarisme. Cela ne libère pas l'homme, mais lui ôte sa dignité et le rend esclave. Ce ne sont pas les idéologies qui sauvent le monde, mais seulement le fait de se tourner vers le Dieu vivant, qui est notre créateur, le garant de notre liberté, le garant de ce qui est véritablement bon et vrai. La révolution véritable consiste uniquement dans le fait de se tourner sans réserve vers Dieu, qui est la mesure de ce qui est juste et qui est, en même temps, l'amour éternel. Qu'est-ce qui pourrait bien nous sauver sinon l'amour[80] ? »

80. Benoît XVI, Discours de clôture des Journées Mondiales de la Jeunesse, 20.08.2005.

Qui suis-je ?

Tu as peut-être remarqué qu'il y a deux façons de répondre à la question : « Qui suis-je ? » La première, classique, consiste à dire : « Je m'appelle Untel, j'ai 17 ans et je suis lycéen à Melun. » Quand tu as dit cela, tu en as déjà dit beaucoup sur toi. Tu as fait une sorte d'état des lieux de la route que tu as parcourue jusqu'à présent. Mais il y a une autre manière de répondre qui, sans en avoir l'air, en dit encore plus : qui est-ce que je suis, du verbe suivre.

C'est étonnant de voir combien les deux sont liés : ce que je poursuis finit par devenir ce que je suis. Si, pour toi, la chose la plus importante est la réussite professionnelle, il y a des chances que le critère de tes choix de vie soit ce qui te semble être le plus favorable pour ta carrière, parfois au risque de ne vivre qu'à travers ton travail.

Charles de Foucauld disait : « On devient ce qu'on contemple. » Et toi, qu'est-ce que tu contemples ? Quels sont tes idéaux, tes objectifs ? Qu'aimerais-tu accomplir pour pouvoir dire un jour : « J'ai réussi ma vie » ?

Imagine alors si tu vas encore plus loin dans la question qui nous occupe, en te demandant non plus ce que tu suis, mais qui est-ce que tu suis. Qui est ton modèle ?

Il y a tellement d'idéaux, tellement de voies possibles, comment savoir où aller ? Qui pourrait bien guider ta vie ? Et puis, peut-on vraiment faire confiance à quelqu'un de manière définitive ? Quelles seraient, à ton avis, les « conditions » pour que tu puisses suivre quelqu'un de cette façon-là ?

Il faudrait probablement qu'il te connaisse bien, qu'il t'aime pour ce que tu es et sans vouloir mettre la main sur toi, qu'il veuille ton bien. Il faudrait en fait quelqu'un qui t'aime à la fois comme un père, un ami, un frère et un époux. Cela fait beaucoup pour une seule personne ! Qui donc sera le prétendant au titre, à vie, de « gardien de ta vie » ?

Tu l'as compris, celui qui pourrait remplir ce rôle à merveille, c'est Dieu. Il est ton Créateur, le Père très bon, l'Amoureux de ton âme, l'Ami fidèle. Quelques heures avant de mourir, Jésus a dit à ceux qui l'avaient suivi partout où Il était allé pendant trois ans : « *Je ne vous appelle plus serviteurs, mais amis*[81]. » C'est-à-dire que Dieu ne se contente pas de nous dire de Le suivre de loin, comme des groupies décérébrées. Dieu nous propose une relation de réciprocité, d'échange, d'amitié. Être l'ami de Dieu. Alors c'en est fini de la course aux idoles décevantes, à la recherche de la perfection humaine par mes propres forces : je suis l'ami de Dieu.

Ton meilleur ami a créé le monde et tout ce qu'il contient : certains se vantent de connaître une personne qui passe à la télé, toi tu connais celui qui fait les nuits étoilées. Ton meilleur ami est né dans une mangeoire alors que le faste de tous les hôtels 12 étoiles du monde réunis n'auraient pas suffi à lui rendre l'honneur qui lui est dû. Ton meilleur ami a marché sur l'eau, rendu la vue à des aveugles et la vie à des morts. Ton meilleur ami est l'espoir et le salut de milliers de générations, et Il a désiré que tu vives, toi. Ton meilleur ami a souffert jusqu'à la mort pour toi. Ton meilleur ami est Dieu.

Comment, alors, vivre en ami de Dieu ? Deux pistes pour cela. Premièrement, en cherchant sa compagnie. Là, il y a un déséquilibre : Dieu nous attend à chaque seconde, tandis que nous, nous pensons à Lui seulement quand nous

81. Évangile de Jean 15, 15.

en avons besoin. Pourtant, comme dans n'importe quelle relation authentique, Dieu t'invite à passer du temps avec Lui « pour rien », seulement pour être ensemble[82]. C'est en cela que consiste la prière : parler à Dieu et l'écouter. Deuxièmement, en faisant l'aveu de ta faiblesse. On fait croire aux copains que tout va toujours bien ; les amis, quant à eux, savent quand nous traversons une période difficile. En effet, « le vrai signe de l'amitié, c'est que l'ami révèle à son ami les secrets de son cœur[83] ». Avec Dieu, tu n'as pas besoin de jouer les gros bras et de crier à tue-tête que « même pas mal, même pas peur ». Il s'est montré pauvre et humilié sur la terre, tu n'as donc pas à rougir de ta faiblesse devant Lui, pas plus que tu n'as besoin d'être parfait pour être digne d'être aimé par lui.

82. Cf. le chapitre « Tais-toi » !

83. Saint Thomas d'Aquin dans son *Commentaire sur l'évangile de saint Jean*, n° 2016.

Toi + moi

Je n'ai jamais réussi à trouver son nom, mais il paraît qu'il existe un filtrage Internet qui propose deux options quand on s'apprête à se rendre sur un site dont le contenu est considéré comme « limite ». La première est de ne pas se rendre sur le site, bien sûr. La seconde option, si on fait le choix d'aller sur le site malgré tout, envoie un mail automatique à plusieurs amis dont les adresses ont été sélectionnées auparavant, disant : « Aujourd'hui, à telle heure, je suis allé sur cette page », avec le lien.

J'aimerais vraiment savoir combien de personnes font le choix d'aller sur un site pornographique en sachant qu'au même moment, leur meilleur ami (ou leur frère, leur petite amie, leur copain de fac) reçoit un mail dans sa boîte de réception indiquant la vidéo ou le contenu qui est en train d'être vu.

Dans la vie numérique comme dans la vie « tout court », on n'a pas le même comportement quand on est seul ou en groupe. Raison pour laquelle on dit qu'un « chrétien seul est un chrétien en danger ». Nous en reparlerons un peu plus loin, mais il existe énormément de personnes qui, alors qu'elles ont été très impliquées dans la foi pendant plusieurs mois, et même plusieurs années, lâchent tout parce qu'elles se retrouvent isolées.

Ne te crois pas plus fort que les autres. Encore plus quand on commence dans la vie spirituelle, on a besoin d'être soutenu, encouragé. Quelques mois après avoir fait une rencontre forte avec le Christ, je décrivais à un ami prêtre les premières semaines de cette vie avec Dieu qui commençait. À la fin de mon récit, ce prêtre a conclu en me disant : « Dans les moments plus difficiles, tu te rappelleras de ces débuts et cela t'encouragera. » Je me rappelle avoir pensé : « Quels moments difficiles ? Il n'y en aura pas ! » Plus de dix ans après, je mesure combien il est important d'avoir, encore plus que des amis, des frères dans la foi. Des gens avec qui pleurer, rire, échanger. Mais plus encore, des personnes qui peuvent t'écouter quand tu en as besoin, te dire qu'il faut que tu te bouges quand tu t'encroûtes, qui te demandent depuis combien de temps tu ne t'es pas confessé, qui te stimulent et t'encouragent quand cela est nécessaire.

Justement, si tu dois un jour faire un reproche à un ami, ne le fais pas comme si tu étais étranger à ce qui lui arrive, comme si tu n'étais pas concerné et ne le serais jamais, comme quelqu'un qui juge. Fais-le plutôt comme si aujourd'hui, c'est lui qui se trouve dans une situation difficile et que demain, ce sera peut-être à ton tour. Cela t'évitera d'être dur, intransigeant ou accusateur.

Le pape François n'a pas de mots assez durs pour condamner le commérage, les rumeurs : « On commence par beaucoup d'éducation : "Moi, je ne veux parler mal de personne, mais il me semble que…" et puis on termine en "écorchant son prochain". » Ou encore : « Dire des choses qui ne sont pas vraies, cela c'est vraiment tuer son frère[84]. » L'un des surnoms du diable est *« l'accusateur de nos frères »*, rôle que nous remplissons si souvent avec empressement… Il ne s'agit pas, bien sûr, de renoncer à dénoncer le mal quand il est avéré, bien évidemment. Mais plutôt de s'assurer que ce qu'on dit est vraiment pour le bien de l'autre (qu'il soit présent pendant la discussion ou non) puisque, comme le dit Socrate : « Si ce n'est pas vrai, ni bon, ni utile, à quoi bon le raconter ? »

Une petite histoire célèbre pour illustrer cela : à Rome au XVIe siècle, une femme ayant entendu parler de

84. Cf. Homélie à Sainte-Marthe du 18 mai 2013.

Philippe Néri comme d'un saint vient un jour se confesser à lui et s'accuse, entre autres, de médisances. Le père Néri lui demande en pénitence d'acheter un poulet et de le plumer dans les rues de la ville sur le chemin du retour vers son domicile. La pénitente s'empresse d'obéir (quand un saint demande quelque chose, on obéit !), bien qu'elle trouve la demande un peu étrange. La semaine suivante, cette même femme revient se confesser et reconnaît avoir médit à nouveau. Philippe Néri lui donne l'absolution et lui donne une nouvelle pénitence : « Rentrez chez vous et ramassez toutes les plumes que vous avez laissées tomber l'autre jour. » « C'est impossible ! s'exclama-t-elle. Elles ont dû être entraînées par le vent aux quatre coins de la ville, et même au dehors ! » « Voyez-vous, lui répondit-il, de même qu'il est impossible de ramasser les plumes lorsqu'elles ont été éparpillées par le vent, il est également impossible de retirer des rumeurs et des calomnies une fois qu'elles ont été prononcées. »

Un amour violent

Il était une fois un prince qui aimait une princesse. Il l'aimait de tout son cœur. Chaque jour, en rentrant du travail, il lui disait des mots d'amour avant de repartir chez lui. Ah oui : le prince et la princesse ne vivaient pas ensemble. D'ailleurs, ils se voyaient seulement dix minutes par jour, sur le quai entre deux métros, quand ils rentraient de leurs journées de travail harassantes. Après, chacun rentrait chez soi pour regarder la télé. Tu parles d'une histoire d'amour !

Il ne suffit pas de dire qu'on aime pour aimer. Il ne suffit pas de croire qu'on aime pour aimer. Si tu aimes, prouve-le ! À plusieurs reprises, dans les Évangiles, Jésus nous donne l'ordre d'aimer. Il nous donne cet ordre-là parce que, comme nous l'avons vu, aimer n'est pas qu'une histoire de sentiments, mais également de volonté.

Plus encore, Jésus nous demande d'aimer ceux que rien ne nous pousse à aimer : nos ennemis, les pauvres, les petits. Parce que l'amour ne consiste pas à se rassurer, à se cocooner, à vivre entre soi. Au contraire, l'amour nous fait sortir de nous. L'amour, tel que Jésus l'enseigne, nous envoie aux périphéries, thème cher au pape François. C'est-à-dire aimer ceux que tu n'aimes pas. Aimer ceux que personne n'aime. Pas pour « se faire mal », pas par esprit d'opposition. Mais parce que l'amour nous conduit jusque-là.

Avec des collègues, à l'occasion d'une soirée de Noël, nous avions inventé le concept du « cadeaube » : un cadeau de daube. Chacun devait offrir à une personne tirée au sort un cadeau qui ne lui avait rien coûté et pour lequel « c'est l'intention qui compte ». De fait, c'était drôle de voir chacun sortir les horreurs de ses tiroirs et mettre dans un paquet cadeau un nain de jardin qui traînait au fond d'un placard ou un vieux livre jamais ouvert. C'était drôle, mais ce n'étaient pas de vrais cadeaux. Parce qu'un cadeau, s'il est le signe de l'affection, « coûte » : il a fallu trouver une idée, dépenser de l'argent ou consacrer du temps, s'investir. Il en va de même pour l'amour.

L'amour, donc, nous conduit vers ceux auxquels nous n'aurions pas pensé. Il nous y conduit pour faire ce que nous ne voudrions pas : les servir. Jésus, la veille de sa mort, fait un geste qui a été beaucoup commenté : Il lave les pieds de ses disciples. Le Dieu qui peut tout se met à genoux devant ses amis et fait ce que ne faisaient pas les serviteurs, mais seulement les esclaves : Il leur lave les pieds. À tous. Y compris à Judas. L'amour est dans l'action, c'est lui qui a inspiré la Croix Rouge à Henri Dunant, l'Armée du Salut à William Booth ou l'association Emmaüs à l'Abbé Pierre. Et tellement, tellement d'autres.

Une manière d'aimer quelqu'un est de prier pour lui. Que dirais-tu de prier pour ceux pour qui personne ne prie ? Il y a bien sûr ceux qui sont hospitalisés, prisonniers ou simplement qui vivent seuls et dont personne ne se soucie qu'ils soient morts ou vivants. Ceux-là ont besoin de ta prière au moins autant que de ton aide matérielle. Mais il y a aussi des dizaines de personnes qui sont chaque jour livrées à la merci du public : telle personnalité politique est tout à coup humiliée sur les plateaux de télé, tel acteur est moqué pour son (mauvais ?) rôle dans un film, tel condamné dans une affaire médiatique voit sa vie privée répandue partout, tel sportif adulé hier est mis de côté pour ses résultats décevants. Qui prie pour eux ? On sait tout d'eux : nous savons comment ils s'habillent, la mine pas réveillée qu'ils ont le matin, l'endroit où ils passent leurs week-ends. Nous les avons vus en train de rire, de pleurer, de danser, d'embrasser. Mais qui prie pour eux ?

Qui passera du voyeurisme à la compassion[85] ? L'amour véritable nous pousse à cela : changer le mode habituel de nos relations pour chercher comment aimer dans toutes les situations et dans toutes les relations.

85. Cette question m'a fait créer un site Internet : Luxmundi.fr, qui propose de prier pour des peoples.

Dieu n'est pas en promo

Une de mes amies a écrit son mémoire de fin d'études sur la religiosité dans le marketing[86]. Elle y décrit comment les marques essaient de remplir le vide laissé par l'absence de Dieu dans notre société de consommation où le seul rite auquel nous voulons bien nous plier est celui du journal de 20 heures.

Par exemple, elle explique très justement que personne n'a besoin d'un iPod de 160 Go. Pourquoi avoir 23 500 chansons dans sa poche, alors même que le principe de ce genre d'appareil est de charger, écouter, puis décharger de la musique et ainsi de suite ? Ne serait-ce pas là un moyen d'éprouver, enfin, un sentiment d'infini, d'illimité ? De même, puisqu'on parle de l'entreprise à la pomme, une étude a démontré que, quand on montre des objets faits par Apple à un fan de cette marque, les aires du cerveau stimulées sont les mêmes que celles d'une personne croyante quand elle regarde des images religieuses[87].

Dans un autre style, la « Sunday Assembly », créée à Londres à l'automne 2013, est une « Église sans Dieu ». Sa fondatrice, Pippa Evans, explique : « Vous pouvez passer une journée entière à Londres sans parler à quiconque. Je pense que les gens ont vraiment envie d'un lieu de rencontre, qui n'implique pas de boire et dont l'accès

86. Bérengère de Drouas, *La religiosisdad en el consumo : Cómo comprender y explotar esta nueva tendencia de marketing ?*, ESCP Europe, MS Marketing y Comunicación, 2010-2011.
87. http://www.digitaltrends.com/computing/apple-causes-religious-reaction-in-brains-of-fans-say-neuroscientists/#!B32xQ, consulté le 31 mars 2014.

n'est pas payant[88]. » L'engouement suscité par cette vision (« Tout ce qu'on aime dans une Église, mais sans la religion et avec de la bonne musique ! », peut-on lire sur leur site Internet) est vraiment incroyable : dix-huit mois après sa création, près de 35 Sunday Assembly avaient vu le jour.

On pourrait multiplier les exemples à l'infini : utilisation du langage religieux dans la consommation (combien de publicités jouent sur le registre du sacré ?), créations de communautés autour d'une marque, instauration de rites autour du lancement d'un produit. Le principe est toujours le même : retrouver l'expérience de plénitude que connaissent les croyants, tout en clamant haut et fort : « Je ne crois pas en Dieu, ma vie n'est dictée par aucune Église, je suis libre, moi ! » Et pourtant, tout dans ces expériences semble démontrer que c'est Dieu que l'on cherche, même si l'on s'en défend à corps et à cris. Maurice Clavel dans *Dieu est Dieu, nom de Dieu*[89] décrit ce mouvement avec beaucoup de précision : « On bat l'estrade, la campagne, la planète ! On va chercher partout en cercles concentriques où diable pourrait être le centre qu'on a fui. »

Il s'agit d'une sorte de nostalgie de Dieu, comme le reconnaît Jean-Louis Servan Schreiber, qu'on ne suspectera pourtant pas de complicité avec la foi chrétienne :

> « Je ne m'étais pas avisé qu'en me détachant du catholicisme et en assistant, soulagé, au naufrage des communismes, je

88. Cité in http://www.lepoint.fr/societe/en-grande-bretagne-une-eglise-sans-dieu-prete-a-essaimer-dans-le-monde-11-03-2013-1638545_23.php, consulté le 31 mars 2014.

89. Cet ouvrage d'une énergie rare (il faudrait compter le nombre de points d'exclamation) dénonce la tendance, assez répandue dans l'Église des années 60, de délaisser Dieu (a minima de le « désacraliser ») pour s'intéresser en premier lieu à « l'Homme » avec toutes les incohérences intellectuelles et concrètes de cette posture.

me retrouvais, comme la majorité d'entre nous, privé de croyances partagées. [...] Ne me suis-je pas immunisé contre les religions castratrices, les escroqueries idéologiques, les respects désuets et les convenances factices ? Pourtant, comme tous mes contemporains, je me vois contraint de bricoler mon rapport avec les fins dernières. Je n'ai toujours pas trouvé sur Google de réponses aux fameuses questions existentielles[90]. »

Et c'est normal :

« Le désir de Dieu est inscrit dans le cœur de l'homme, car l'homme est créé par Dieu et pour Dieu ; Dieu ne cesse d'attirer l'homme vers Lui et ce n'est qu'en Dieu que l'homme trouvera la vérité et le bonheur qu'il ne cesse de chercher[91]. »

Il y a là un élément tout à fait caractéristique de notre orgueil : nous ne voulons pas ressembler à ce (à ceux) que nous avons passé tellement de temps à détruire, au moins symboliquement. Nous voulons du rationnel, du concret, Nous qui aimons tant la nouveauté, nous ne pouvons nous résoudre à accepter une religion vieille de deux mille ans. Pas sans la modifier, la mettre au goût du jour, l'adapter. Nous ne voulons accepter ce Dieu qui nous a créés à son image sans que nous l'ayons nous-mêmes façonné à notre ressemblance.

Je suis tombé un jour, par hasard, sur le site de l'ordre des Chartreux. Cet ordre religieux, fondé au XIIe siècle, est réputé pour son austérité. Sur la page d'accueil de Chartreux.org, on peut lire : « Sur ce site, vous ne trouverez rien ou peu de chose de ce que le monde actuel apprécie,

---

90. Jean-Louis Servan-Schreiber, *Aimer (quand même) le XXIe siècle*, Albin Michel, 2012. On lira avec beaucoup d'intérêt le chapitre 6 : « Retrouver des repères ».
91. Catéchisme de l'Église catholique, § 27.

pas même le souci d'être différent. » Et c'est vrai que c'est bien là notre souci principal. Avoir de la personnalité, être reconnu pour notre originalité, être le premier à avoir fait quelque chose, pourquoi pas être le dernier : n'importe quoi, pourvu qu'on en ait le titre et la reconnaissance.

L'objectif n'est pas de dire que tout dans ce monde est mauvais. Loin de là, tu l'as bien compris. Je veux simplement dire qu'il vaut toujours mieux préférer l'original à la copie. Même si l'original semble parfois moins sexy que les copies, même si tu préférerais parfois créer toi-même une de ces copies.

Demain n'arrive jamais

Demain. Je me lèverai tôt, j'arrêterai de fumer, je ferai du sport, je serai différent. Je le ferai, bien sûr. Mais demain.

Et demain n'arrive jamais. Il en est de même pour Dieu : demain je prierai, un jour j'irai à la messe. Mais pas aujourd'hui. Aujourd'hui, je ne peux pas, je ne veux pas. Et puis, il y aura demain, non ? Un texte, souvent attribué à saint Augustin[92], décrit cela à merveille :

> « Moi, ton Dieu, je connais ta misère, les combats et les tribulations de ton âme, la faiblesse et les infirmités de ton corps ; je sais ta lâcheté, tes péchés, tes défaillances ; je te dis quand même : "Donne-moi ton cœur, aime-moi comme tu es."
>
> Si tu attends d'être un ange pour te livrer à l'amour, tu ne m'aimeras jamais. Même si tu retombes souvent dans ces fautes que tu voudrais ne jamais connaître, même si tu es lâche dans la pratique de la vertu, je ne te permets pas de ne pas m'aimer.
>
> Aime-moi comme tu es. À chaque instant et dans quelque position que tu te trouves, dans la ferveur ou dans la sécheresse, dans la fidélité ou dans l'infidélité.
>
> Aime-moi, tel que tu es. Je veux l'amour de ton cœur indigent. Si, pour m'aimer, tu attends d'être parfait, tu ne m'aimeras jamais. »

Ce qui compte n'est pas ce que tu feras un jour. Cela, tu ne le feras peut-être jamais. C'est un rêve, un idéal, au mieux un vœu pieux. Mais ce que tu fais maintenant, voilà le plus important. Choisir de vivre à plein ce qui se passe ici et maintenant est la meilleure manière de ne pas

---

92. Texte anonyme mis en forme par Henri Caffarel dans son 120e *Cahier sur l'Oraison* (n° 120, nov/déc 1971).

devenir aigri en n'ayant pas accompli ce qu'on avait rêvé « avant ». Et puis, ma bonne dame, on ne sait pas de quoi demain sera fait.

Sois, *hic et nunc*[93], ce que tu rêves d'être, de faire, de devenir. Tu n'y arriveras pas tout de suite, cela prendra du temps. Mais commence. Maintenant. Voilà un remède contre une vie virtuelle et idéalisée. Le concret, la vraie vie, c'est ici et maintenant.

Sainte Thérèse de Lisieux a écrit un très beau poème qui décrit cela :

> « Ma vie n'est qu'un instant, une heure passagère. Ma vie n'est qu'un seul jour, qui m'échappe et qui fuit. Pour aimer sur la terre, je n'ai rien qu'aujourd'hui. »

Il en est de même pour toi : pour faire ce que tu veux faire, ne compte pas sur demain. Tu n'as rien qu'aujourd'hui.

Bien sûr, il ne s'agit pas d'une invitation à vivre une fuite en avant. Tu ne deviendras pas astronaute en un jour. Il s'agit plutôt de choisir de vivre de façon cohérente : tu ne pourras pas être demain ce que tu ne prépares pas aujourd'hui.

Si tu as un tempérament idéaliste, cela te donne peut-être envie d'arrêter tout ce qui te semble trop banal et quotidien pour ne faire plus que des choses importantes, primordiales. Là encore, il s'agit d'une fuite : nous sommes faits pour vivre de grandes choses, mais aussi de toutes petites. Alors qu'il était au séminaire, pour se préparer à devenir prêtre, saint Louis de Gonzague jouait un jour sur le terrain de sport avec ses condisciples. L'un d'eux demande à ses compagnons : « Si vous appreniez que vous

93. « Ici et maintenant ».

alliez mourir dans deux heures, que feriez-vous ? » Les réponses des uns et des autres rivalisaient de spiritualité : « J'irais me confesser », disait l'un, « je courrais à la chapelle pour prier », renchérissait l'autre. « Et moi, dit Louis, je continuerais à jouer ici. »

C'est, en quelque sorte, ce que dit Steve Jobs dans son célèbre discours à Stanford :

> « Quand j'avais 17 ans, j'ai lu une citation qui disait quelque chose comme : "Si vous vivez chaque jour comme si c'était votre dernier, un jour vous aurez très certainement raison." Ça m'a impressionné et depuis lors, pour les 33 années passées, j'ai regardé dans le miroir chaque jour et me suis demandé : "Si aujourd'hui était le dernier jour de ma vie, aurais-je envie de faire ce que je suis sur le point de faire aujourd'hui ?" Et quand la réponse avait été "Non" pendant de trop nombreux jours, je savais que j'avais besoin de changer quelque chose[94]. »

Notre quotidien est ainsi fait que, pour un jour déterminant, nous avons vécu mille journées qui nous ont paru insignifiantes. Qui dira la beauté de ces mille journées-là ? N'ont-elles pas préparé le jour au cours duquel nous avons eu l'impression que tout a basculé ? Et même, plus prosaïquement, si nous n'aimons que les jours fatidiques, nous serons donc amers et déçus pendant la grande majorité du temps. Le « jour de gloire », c'est aujourd'hui, le moment idéal, c'est maintenant.

94. Cf. le chapitre « François et Steve ».

Tais-toi !

Ma femme et moi, nous avons vécu pendant plusieurs mois dans la banlieue d'une grande ville d'Amérique du Sud. Entre les passages de voitures, les cris de nos voisins et la musique à pleins tubes à n'importe quelle heure du jour et de la nuit, nous avons fini par nous habituer au bruit. À tel point que nous nous sommes réveillés une nuit à 3 heures du matin et, tendant l'oreille, nous n'avons rien entendu. Même pas un aboiement, rien de rien. Nous en avons été étonnés : nous avions oublié ce qu'était le silence.

83 sms quotidiens[95], plus de 4 heures par jour à regarder la télé. Sans compter Facebook, Twitter, la radio et les coups de téléphone. Ceux qui font le choix de se déconnecter pendant quelques semaines ou quelques jours (pas fous, non plus !) passent pour de véritables héros des temps modernes. Le cas de Paul Miller, journaliste en technologies numériques qui a vécu un an sans connexion Internet, est particulièrement éloquent : à lire certains articles relatant son aventure, on a l'impression d'avoir affaire à une sorte de Robinson Crusoé. Je ne sais pas ce qu'aurait dit Bernanos de notre mode de vie, lui qui écrivait en 1947 : « On ne comprend absolument rien à la civilisation moderne si l'on n'admet pas d'abord qu'elle est une conspiration universelle contre toute espèce de vie intérieure[96]. »

Mon propos n'est pas de dire qu'il faut revendre ta Box internet et jeter ton portable à la poubelle. Je te propose simplement de te taire. D'éteindre tout ce qui fait du bruit

---

95. Cf. l'étude de l'Arcep – Observatoire des marchés des communications électroniques en France – 2e trimestre 2012, résultats définitifs.
96. In Georges Bernanos, *La France contre les robots*, Robert Laffont, 1947.

et même de le faire tous les jours. Pas longtemps, mais tous les jours.

Dieu n'envoie ni sms ni mails. Il parle, bien sûr, mais à celui qui l'écoute. Toujours cette discrétion de Dieu : pour se faire entendre, Il ne crie pas plus fort que les autres, mais attend que tu veuilles bien te taire.

Il ne s'agit pas là de « faire le point ». Je suis toujours étonné quand je parle de la prière avec des amis et que l'un ou l'autre explique que c'est pour lui l'occasion de « penser à sa vie ». Va au bout : pense à Dieu. La réflexion sur ta vie est une étape, une manière de parler à Dieu. Mais elle n'est pas toute la prière. Tais-toi, pour de vrai. Arrête le cours de tes pensées habituelles, fais à Dieu le cadeau que tu ne fais à personne d'autre : offre-lui du silence et du temps. Gratuitement, sans rien attendre en retour. C'est comme cela qu'on parle à Dieu[97].

Toi comme moi, nous avons tellement oublié comment parle Dieu qu'il nous faut l'apprendre, comme on apprend une langue étrangère. La méthode Assimil du langage de Dieu se fait en apprenant le silence. Pas un silence assourdissant, vide et sans consistance. Le silence de la présence de Dieu ressemble plutôt à celui que « font » deux amoureux qui se regardent dans les yeux, ou un père qui voit son nouveau-né et l'admire. Le père, comme l'amoureux, est tout à ce qu'il fait. Bien sûr, chacun sait que ce moment ne durera pas toujours. Mais c'est ce moment-là qui compte à l'instant présent. Ni le père ni l'amoureux ne voudrait le gâcher par une parole maladroite, par un mouvement superflu. Il n'y a qu'à se tenir là et à aimer. Pour aimer, il faut se taire.

97. Cf. Évangile de Matthieu 6, 6 : « *Mais quand tu pries, entre dans ta chambre, ferme ta porte et prie ton Père qui est là dans le lieu secret ; et ton Père, qui voit dans le secret, te le rendra* ».

Stagiaire à vie

« Salut, p'tit loup, tu me montes un café ? » Lors de mon premier stage en entreprise, chaque journée commençait avec cette phrase. Je me rappelle encore parfaitement la disposition des locaux : au rez-de-chaussée, l'unique salariée accueillait les clients, le patron travaillait seul dans un beau bureau à l'étage et nous étions trois ou quatre stagiaires au rez-de-chaussée. Caricatural à souhait. Le boss ne descendait même pas nous dire bonjour quand il arrivait le matin, il montait directement dans son bureau et m'appelait au téléphone pour commander son café en m'appelant « p'tit loup ». Insulte suprême pour un étudiant de 21 ans qui veut faire jeu égal avec les messieurs en costumes qu'il croise dans le métro et se voit rabaissé au rang de terreur des bacs à sable. Autant dire que ce que j'avais espéré de la première expérience en entreprise n'était pas vraiment au rendez-vous…

Loin de moi l'idée d'insérer dans cet ouvrage un pamphlet contre les abus à l'encontre des stagiaires, je voudrais au contraire défendre l'état d'esprit qui m'avait habité à ce moment-là. En effet, il me semble que la volonté de rester un stagiaire toute sa vie est une bonne manière d'aborder la vie spirituelle.

Le stagiaire est celui qui est prêt à apprendre. Il n'y a rien de pire que ceux qui, après quelques mois ou quelques années de recherche de Dieu, pensent avoir fait le tour de la question. Ainsi, cet enfant voulait arrêter le caté à dix ans parce qu'il disait qu'il « savait tout ce qu'il y a à savoir ». Il y a tant à découvrir sur Dieu ! Pour cela, il faut avoir l'humilité de reconnaître qu'on a encore des choses à apprendre, en dépit des connaissances déjà acquises. Il faut donc se rappeler que, si savant que je sois, Dieu est Dieu et je n'aurai jamais fini de comprendre qui Il est. Une histoire décrit cela : un homme avait l'ambition de tout connaître en matière de théologie. Alors qu'il lisait un ouvrage de plusieurs centaines de pages sur une plage, il voit un homme creuser un petit trou dans le sable et faire des allers-retours avec une cuillère entre la mer et son trou, le remplissant de quelques gouttes à chaque trajet. Le théologien, moqueur, interroge cet homme étrange pour savoir ce qu'il fait et surtout à quoi cela peut bien servir. L'autre de lui répondre : « Tu essaies de faire entrer toute la connaissance de Dieu dans ta tête et tu t'étonnes que je veuille faire entrer la mer dans un trou ? »

Quand on est en stage, on considère les autres comme supérieurs à soi-même[98]. On sait qu'on a tout à apprendre et que les autres sont davantage des maîtres que des concurrents potentiels. Ce qui n'empêche pas, bien évidemment, d'avoir des capacités réelles et que notre travail ait une valeur authentique. Mais on a l'humilité (parfois forcée, il faut bien le reconnaître) de demander à quelqu'un d'autre si ce qu'on a fait lui convient.

Plus encore, le stagiaire est celui qui donne tout. Désireux de profiter au maximum de la chance qui lui est donnée de travailler « pour de vrai » et, peut-être, d'être repéré, le stagiaire se donne à fond. D'autant plus qu'il bénéficie d'un atout imparable : il n'est pas blasé. Pour lui, tout est nouveau, tout est source d'étonnement. C'est une chance énorme vis-à-vis de tous ceux qui, connaissant toutes les ficelles du métier, sont revenus de tout. On ne dira jamais assez l'importance de l'émerveillement !

Enfin, le « petit nouveau » ne rechigne pas à faire des tâches ingrates. C'est le jeu. Il sait qu'entre deux tableaux

98. Cf. Épître aux Philippiens 2, 3.

Excel, on peut lui demander d'aller faire quelques photocopies ou d'aller chercher un café. Et il ne s'en offusque pas. Contrairement à d'autres qui, au prétexte qu'ils sont chrétiens depuis longtemps ou responsables de quelque chose, considèrent comme une insulte la demande qu'on leur adresse de passer le balai ou ranger des chaises.

En somme, pour tenir dans la vie spirituelle et pour continuer à avancer, il faut rester humble. Non pas rechercher l'humilité par l'humiliation, mais simplement accepter de recommencer chaque jour ce qu'on a fait la veille. Il n'y a rien de plus monotone qu'un temps de prière silencieuse. Mais cette prière que tu fais aujourd'hui, même si elle ressemble furieusement à celle que tu as faite tous les jours de la semaine dernière, est unique.

Vas-y quand même

Pour les catholiques qui ne s'assument pas, il y a une question redoutable posée chaque lundi matin : « Alors, t'as fait quoi ce week-end ? » Pour ce qui est du samedi, facile : on peut s'en sortir en parlant du match de foot avec les copains, des courses au supermarché, de la soirée de folie au Macumba Night. Mais pour le dimanche, plus compliqué. « Ben en fait, euh, tu vois, j'étais avec mes parents et, euh, on est allés à la messe. » Le *coming-out* catho : je suis allé à la messe.

Bien souvent, la messe est vue comme quelque chose de long, d'ennuyeux, d'inintéressant. Un de mes copains de lycée, à qui j'avais avoué avoir été à la messe la veille, m'avait répondu : « Moi, j'aime pas y aller : on se lève, on s'assied, on écoute quelqu'un parler, on se relève, on s'assied à nouveau, on se relève, pffff. » Vu comme cela, ça ne fait pas rêver. Alors que la messe est un moment tellement grand ! Peut-être que l'église à côté de chez toi est moche, que la chorale chante mal, que tu n'aimes pas le prêtre. Peut-être. Mais ce qui se passe à la messe dépasse tout cela, de beaucoup : vas-y quand même, va à la messe.

En allant à la messe, je me rappelle que la foi n'est pas qu'une histoire entre Dieu et moi, sans quoi je risque de me concocter peu à peu la religion qui me va bien. En rejoignant d'autres chrétiens et en allant prier avec eux, je fais l'acte d'humilité de reconnaître que j'ai besoin des autres pour rencontrer Dieu. « Comme être social, l'homme a besoin de signes et de symboles pour communiquer avec autrui, par le langage, par des gestes, par des actions. Il en est de même pour sa relation à Dieu[99]. »

99. Catéchisme de l'Église catholique, § 1146.

La messe fait partie de ces signes et symboles dont nous avons besoin.

La messe est également une réponse à l'appel de Jésus, la veille de sa mort. Pendant le dernier dîner qu'Il a partagé avec ses disciples avant de mourir, Jésus a célébré la première messe et leur a demandé de faire de même : « *Faites ceci en mémoire de moi.* » Deux mille ans après, la messe est toujours célébrée aux quatre coins du monde.

Jésus n'a pas demandé de faire une reconstitution historique de ce dernier repas, comme d'autre refont Waterloo ou la guerre des tranchées en costumes d'époque. Bien plus que cela, à chaque messe, nous sommes rendus présents au moment où Jésus est mort sur la croix. Le sacrifice de Jésus a bien eu lieu une fois pour toutes en l'an 33, mais il est actualisé à chaque fois qu'un prêtre célèbre la messe.

Plus encore, Jésus est réellement présent dans l'hostie quand le prêtre dit : « Ceci est mon corps. » Rends-toi compte de cela : au lieu d'être un moment pénible, la messe, c'est Dieu qui vient sur la terre, dans un morceau de pain ! Un prêtre que j'aime beaucoup, le père Daniel-Ange, explique d'ailleurs que Jésus ne se prostitue pas : Jésus ne donne pas « juste son corps », si son corps est présent à la messe, c'est qu'Il est présent tout entier[100].

À différents moments dans la Bible, on parle du corps de Jésus et des souffrances que ce corps va endurer pendant la Passion. On en parle d'ailleurs dans des textes écrits bien des siècles avant que Jésus ne meure sur la Croix. Ainsi, au VIe siècle avant notre ère, le prophète Zacharie écrit en faisant parler Dieu à la première personne :

---

100. On doit également au père Daniel-Ange l'extraordinaire *Dans tes mains, le cosmos*, Fayard, 1986.

« Ils regarderont vers moi qu'ils ont transpercé. » Le texte continue en décrivant la réaction de ceux qui ont condamné Dieu à mort : *« Ils feront le deuil sur lui, comme on fait le deuil sur un fils unique. »* La messe consiste en cela : regarder vers Celui qui a été transpercé par moi, pour moi ; remercier le Fils unique de Dieu pour le don immense qu'Il a fait pour moi.

Plusieurs textes bibliques parlent des mains de Jésus. Ainsi, dans le troisième chapitre du Livre d'Habacuc (VIIe siècle avant Jésus-Christ), on peut lire : *« Des rayons sortent de ses mains, là se tient cachée sa puissance. »* Le début de ce chapitre dit que la majesté de Dieu a *« couvert les cieux »*, que *« la terre est remplie de sa gloire »*. Nous savons, nous, que sur la Croix, les mains transpercées de Jésus n'ont pas fait jaillir les rayons lumineux qu'on aurait imaginé voir sortir des mains du Dieu tout-puissant. Dieu nous prend à contre-pied : sa puissance ne se manifeste pas dans un événement tonitruant, mais dans l'humiliation de la Croix. Sa puissance *« se tient cachée »* dans ses mains traversées par les clous qui le tiennent fixé au bois du supplice. Il n'en est pas moins glorieux : c'est sur la Croix qu'Il sauve l'humanité !

Un autre texte, du prophète Isaïe (VIIIe siècle avant Jésus-Christ), dit : *« Ton nom est gravé sur la paume de mes mains. »* Ton nom est précieux pour Dieu au point qu'Il l'a gravé dans le creux de sa main au moment où on l'a crucifié. Il chérit ton nom, et donc ton existence, au point d'accepter que les clous transpercent ses paumes, comme d'autres se font tatouer le nom de l'être aimé sur l'épaule pour être sûrs de ne pas l'oublier jusqu'à leur mort. C'est ce qu'expliquait sainte Catherine de Sienne quand elle disait : « Ce n'étaient pas les clous qui tenaient Jésus à la Croix, c'était l'amour. »

Quelques chapitres plus loin, Isaïe écrit (s'écrie) :

« Qu'ils sont beaux, sur les montagnes, les pieds du messager ; qui publie la bonne nouvelle de la paix ; de celui qui annonce le bonheur, qui publie le salut ; de celui qui dit à Sion : "Ton Dieu règne !" »

Les pieds du messager de Dieu, comme ses mains, sont traversés par des clous. Les derniers pas de celui qui, pendant trois ans, a parcouru des dizaines de kilomètres en marchant à travers la Terre Sainte pour annoncer la venue d'un Royaume ont été pour porter une croix trop lourde pour Lui, en gravissant le Mont du Crâne où Il allait être tué. Celui qui est descendu du Ciel librement pour partager notre vie et fouler la même terre que nous, nous l'avons élevé par nos propres forces pour le suspendre au bois du supplice. La veille au soir, Jésus lavait les pieds de ses disciples. Douze heures plus tard, ses pieds à lui sont noirs de poussière et ensanglantés. Oui, ce sont bien les mêmes pieds que ceux qui ont été lavés, parfumés, séchés par Marie-Madeleine, ce qui avait scandalisé Judas. Pour autant, c'est sur la croix plus qu'à n'importe quel autre moment que les pieds de Jésus sont ceux qui portent la bonne nouvelle, qui disent au peuple de Dieu : *« Ton Dieu règne. »*

Nous pourrions continuer longtemps à contempler les différents moments où l'on parle du corps de Jésus dans la Bible, le plus beau des fils de l'homme[101] qui meurt, le visage défiguré par la souffrance. Mais tu as compris l'idée : c'est ce même corps que les Apôtres ont touché il y a deux mille ans que tu peux voir, toucher et auquel tu peux communier à la messe.

---

101. Psaume 45, 3.

La messe consiste donc à retrouver d'autres chrétiens, à réaliser avec eux, en lisant la Bible, combien Dieu nous a aimés, et à actualiser son sacrifice sur la Croix. C'est à la fois la mémoire et l'actualisation de l'amour de Dieu et de notre salut. Alors vas-y, va à la messe.

La fuite des cerveaux (et leur retour)

Pendant plus de mille ans, l'Église a été à la pointe. Dans les arts comme dans les sciences dures, elle tenait le haut du panier. Combien d'astronomes, de physiciens, de géographes, de chimistes ou de mathématiciens étaient des catholiques fervents et même bien souvent des prêtres ? Aujourd'hui, c'est précisément l'inverse : on a l'impression qu'un chrétien convaincu ne pourrait avoir l'esprit scientifique et qu'un intellectuel qui aurait la foi serait une originalité à mettre sur le compte de son extravagance, un peu comme un prix Nobel de littérature qui raffolerait de R'n'B. Comme si les cerveaux avaient fui l'Église.

De la même façon, le Bac +5 devient la norme quelle que soit la profession envisagée, mais on se contente d'un niveau de catéchisme de maternelle, considérant que la foi est une histoire pour les enfants et les faibles d'esprit. La foi n'est pas un conte de fées, une belle histoire qui aurait du mal à supporter le désenchantement du monde apporté par la sociologie, la psychologie et les découvertes scientifiques.

Au contraire, la foi catholique supporte (et même encourage) le dialogue entre la foi et la raison :

> « La foi ne craint pas la raison ; au contraire, elle la cherche et lui fait confiance, parce que "la lumière de la raison et celle de la foi viennent toutes deux de Dieu", et ne peuvent se contredire entre elles[102]. »

Précisons-le tout de suite : la foi ne cherche pas à définir le « comment ». Il n'y a pas à chercher dans la Bible la description précise de la création de l'univers ou

102. Pape François, Exhortation apostolique *Evangelii gaudium*, n° 242.

de l'évolution des espèces. Cela, la physique ou la biologie le font très bien, parfois avec le concours de scientifiques croyants, comme nous l'avons vu. La foi, quant à elle, cherche davantage à comprendre le « pourquoi » : pourquoi sommes-nous sur terre ? Pourquoi y a-t-il quelque chose plutôt que rien ? Pourquoi y a-t-il le bien et le mal ?

Si la foi et le travail de l'intelligence ne sont pas contradictoires, mais au contraire s'éclairent l'un et l'autre, c'est parce que tous deux sont une recherche de la Vérité. Si nous croyons que Dieu est Vérité, nous n'avons pas à redouter une découverte scientifique, si celle-ci est animée par un désir sincère de comprendre l'Homme et son environnement. En revanche, l'Église met parfois le holà sur des recherches qui semblent aller en contradiction avec ce qu'elle comprend de l'Homme et du bien pour lequel il est fait. Parce que tout ce qui est possible n'est pas bon, tout ne se vaut pas. Sur ce sujet comme sur tant d'autres, l'ambition de l'Église n'est pas de brider quelque élan que ce soit, mais de poser la question : telle découverte, telle expérience est-elle une recherche de la Vérité ou une tentative de jouer aux apprentis sorciers et de s'affranchir de Dieu ?

De la même façon, quand tu lis ou entends quelque chose sur l'Église qui t'attriste ou te révolte, cherche à comprendre ce qui a vraiment été dit et pourquoi l'Église le dit. Quand j'étais à la fac, mon prof d'anglais, pour lutter contre la monotonie de son cours, avait lancé un débat sur un sujet dont tous les journaux parlaient à l'époque, mettant en cause le Pape. Une des filles de ma classe avait alors dit, avec des larmes dans les yeux, qu'elle ne comprenait pas qu'un homme avec autant d'influence puisse dire des choses aussi atroces. Elle avait ensuite répété ce que les journaux disaient. Connaissant bien le sujet, je l'avais contredite, expliquant comment les paroles du Pape avaient été déformées pour vendre du papier. Enfin, je lui avais proposé de lire le document original pour qu'elle puisse se faire une idée de la différence entre ce qui avait été dit et ce qui en avait été rapporté. Elle m'avait fusillé du regard et répondu que « jamais [elle] ne lirait quoi que ce soit de lui ». Pour la recherche de la vérité, on repassera…

Ainsi donc, rassure-toi : tu peux croire en Dieu et être intelligent ! Et même : si Dieu est à l'origine de ta vie et si c'est Lui qui a mis en toi les dons dont tu disposes, rends-lui honneur en développant ceux qu'Il t'a donnés !

Alors, travaille ! Lis, cherche, comprends. Dans ton champ d'intérêt et de compétence, bien sûr, mais aussi en ce qui concerne la foi. L'Église est « experte en humanité[103] », elle a travaillé sur quantité de sujets fondamentaux. Des milliers d'hommes et de femmes d'Église ont consacré leur vie à travailler sur des sujets philosophiques, théologiques, sociaux. Sois de ceux-là : la foi en Dieu ne consiste pas à renoncer à utiliser son intelligence, loin de là.

---

103. Encyclique *Populorum Progressio*, § 13.

Fondamentaliste de la fidélité

Je parlais un jour avec une personne qui avait été très impliquée dans une Église protestante. Cet homme avait consacré deux années de sa vie à aller parler de Dieu dans un pays étranger ; il était très intégré dans son Église et puis, petit à petit, avait arrêté de pratiquer et de prier. Il était très lucide sur sa situation, disant que ses deux années au Paraguay étaient les plus belles années de sa vie et que l'existence qu'il menait aujourd'hui était bien loin de le combler comme le faisait auparavant sa vie de croyant.

Dans la vie chrétienne, il n'y a qu'une seule radicalité : la fidélité. Je suis bien plus admiratif de quelqu'un qui prie quelques minutes tous les jours depuis quarante ans que d'une personne qui passe ses nuits en prière depuis trois semaines. Cela ne veut pas dire qu'il ne faut pas avoir de grands désirs, mais simplement que la seule chose qui vérifie l'amour, c'est d'y être fidèle. Il est facile d'aimer sous le coup de l'émotion, du sentiment. C'est une première étape nécessaire, mais qui mérite d'aller plus loin. La fidélité, elle, exige l'engagement de la volonté.

Frédéric Beigbeider, dans *L'amour dure trois ans*, affirme : « Un moustique dure une journée, une rose trois jours. Un chat dure treize ans, l'amour trois. C'est comme ça. Il y a d'abord une année de passion, puis une année de tendresse et enfin une année d'ennui. » Cela est vrai si on considère qu'aimer, c'est « seulement » ressentir. Dans ce cas, effectivement, au bout de quelques mois, on n'a plus les « guilis » au cœur du début et la passion s'estompe. Mais aimer, c'est beaucoup plus que cela ! Dans la vie spirituelle, comme dans la vie amoureuse ou amicale, on passe par différentes étapes ou saisons. À certains moments, il est facile d'aimer, tout paraît simple, évident, lumineux.

À d'autres moments, il faut lutter. Celui qui rend les armes au premier obstacle tendu par l'adversaire aimait-il autant que celui qui va au combat ?

Sois fidèle à ceux que tu aimes. Nos 500 amis Facebook nous laissent parfois penser que nous sommes des amis hors-pair, de ceux dont on recherche la compagnie pour passer un bon moment. C'est là la définition de la star du lycée, éphémère par essence. L'ami fidèle, quant à lui, cherche à entretenir le lien en valorisant l'autre. Il se rend disponible en particulier dans les moments difficiles. Quels sont ceux que tu pourrais appeler à 2 heures du matin, dans un moment tragique ? Là sont tes « vrais » amis. L'ami (comme le petit-fils, le cousin, le frère) qui veut être fidèle au lien tissé il y a longtemps ne se décourage pas quand ce lien est distendu par les événements, le temps ou la distance. Au contraire, la fidélité nous pousse à nourrir la relation, en dépit des silences. Si l'autre n'est pas fidèle, toi, sois fidèle[104] !

Sois fidèle à tes engagements. Ce que tu as dit, fais-le. Ne te cherche pas des excuses, bonnes ou mauvaises, comme on le fait trois semaines après nos résolutions de début d'année. Il n'est pas difficile de reconnaître ceux sur qui on peut compter : ce sont ceux qui sont là quand ils auraient eu toutes les raisons de se défiler.

Sois fidèle à la folie. Une des clés de la fidélité est d'ajouter de la folie dans tout ce qu'on s'est engagé à faire. Par « folie », j'entends « gratuité ». On n'imagine pas un couple s'aimer pendant 70 ans sans surprises, sans cadeaux, sans originalité.

Rends-toi service : la fidélité est un travail qui implique d'être concret. Si tu veux prier tous les jours, définis à

---

104. Cf. Ézéchiel 16, 60.

l'avance un moment et un lieu dans ta journée pour cela. Penser qu'on priera « quand on aura le temps » ou quand on sera « inspiré » revient à dire qu'en fait, on priera de temps en temps, voire jamais. De même que si tu penses aller voir « de temps en temps » tes grands-parents, tu ne le feras probablement qu'une ou deux fois par an.

Il faut que le moment et le lieu pendant lesquels tu vas prier ou lire un livre spirituel te soient agréables. T'engager à prier dans le bus, dans le froid ou entre deux cours ne t'encouragera pas à continuer dans les moments difficiles. Sois bon avec toi-même.

Parce que, comme le disait le père Jérôme, qui a été moine à l'abbaye de Sept-Fons pendant plusieurs décennies et qui savait ce que voulait dire lutter pour tenir, « toujours dure longtemps ».

Tobie or not Tobie

Un homme voulait se marier, il s'appelait Tobie. Dans le pays très structuré par les traditions dans lequel il vivait, une femme, Sarra, lui était destinée à cause des liens de parenté entre leurs deux familles. Il alla donc trouver Ragouël, le père de la promise, pour lui demander la main de sa fille. Le père commença sa réponse ainsi : « *Mon petit, je vais te parler franchement* [105] » et il décrivit ensuite une sorte de malédiction : Sarra avait déjà été mariée sept fois. À chaque fois, le jeune marié était mort au moment même où il entrait dans la chambre de noces. Tobie ne voulut rien entendre et pressa Ragouël de lui donner une réponse rapide, ce qu'il fit : le mariage était conclu. On célébra donc les noces avec un festin délicieux qui dura une bonne partie de la nuit et tout le monde partageait la joie des jeunes époux. Tous, sauf peut-être Ragouël :

> *« Il appela les serviteurs, et ils vinrent l'aider à creuser une tombe. Il avait pensé : "Pourvu qu'il ne meure pas ! Nous serions couverts de ridicule et de honte." Une fois la fosse achevée, Ragouël revint à la maison, il appela sa femme et lui dit : "Si tu envoyais une servante dans la chambre voir si Tobie est en vie ? Parce que, s'il est mort, on l'enterrerait sans que personne n'en sache rien"* [106]*. »*

Une servante alla donc voir et constata que Tobie et Sarra dormaient tous les deux comme des bienheureux.

Pourquoi Tobie n'est-il pas mort comme les sept précédents maris de Sarra ? Parce qu'au moment de regagner leur chambre de noces, les jeunes époux ont prié et Tobie a commencé ainsi :

---

105. Livre de Tobie 7, 11.
106. *Ibid.* 8, 10-13.

> *« Tu es béni, Dieu de nos pères, et ton Nom est béni dans tous les siècles des siècles. Que te bénissent les cieux et toutes les créatures dans tous les siècles ! C'est toi qui as créé Adam, c'est toi qui as créé Ève, sa femme pour être son secours et son appui. Daigne avoir pitié de Sarra et de moi et nous mener ensemble à la vieillesse*[107] *! »*

Il ne s'agit pas d'une formule magique, mais d'un changement de paradigme : au lieu d'épouser Sarra parce qu'il le doit et de succomber comme tous les autres parce qu'il y a une malédiction et que personne n'y peut rien, Tobie et Sarra se tournent vers Dieu et « invoquent les origines et le projet de Dieu sur l'homme et la femme. Ils rappellent à Dieu son intention[108] ».

Pour comprendre cela, il nous faut commencer par nous rappeler deux choses. La première est que Dieu est présent à chaque instant, rien de ce que nous vivons ne lui est étranger. Pour autant, comme nous l'avons vu, Il ne vient pas empiéter sur notre liberté et nous laisse la possibilité de faire exactement ce que nous voulons, quand nous le voulons. La deuxième chose dont il faut nous rappeler est que Dieu est bon, qu'Il ne veut que notre bonheur.

Ainsi donc, face à un événement quel qu'il soit, nous pouvons chercher à trouver une solution par nous-mêmes et ensuite reprocher à Dieu de ne pas nous avoir guidés. Ou alors, comme Tobie, nous pouvons commencer par le louer[109]. De cette façon, nous remettons les choses à leur place en remerciant Dieu pour sa bonté, pour nous avoir

---

107. *Ibid.* 8, 5-7.
108. Cf. Yves Sémen, *op. cit.*
109. « La louange est la forme de prière qui reconnaît le plus immédiatement que Dieu est Dieu. Elle Le chante pour Lui-même, elle Lui rend gloire, au-delà de ce qu'Il fait, pour ce qu'IL EST. » Catéchisme de l'Église catholique, § 2639.

créés et pour nous avoir accompagnés jusqu'à aujourd'hui. Même si nous sommes loin de l'avoir constaté tous les jours, même si parfois nous avons eu le sentiment d'être abandonnés. Ensuite, nous pouvons demander à Dieu que ce soit Lui qui nous guide dans le choix que nous avons à faire, dans la situation difficile dans laquelle nous sommes. Si Dieu nous as créés et qu'Il veut notre bonheur, n'est-ce pas justice que de chercher à remettre les choses à leurs places : Lui est Dieu et nous sommes ses enfants bien-aimés ? Ne serons-nous pas plus heureux si tout se passe comme celui qui nous aime le plus au monde aimerait que cela se passe ? Non seulement nous serons « plus heureux », mais en fait nous sommes faits pour cela[110] ! Le père Rémi Schappacher, o.p., dit même que nous sommes faits pour la louange comme les poissons sont faits pour vivre dans l'eau.

Un pasteur américain, Merlin Carothers, a écrit un petit livre qui a changé la vie de milliers de personnes, décrivant la puissance de la louange[111]. Il explique :

> « La louange est basée sur l'acceptation totale et joyeuse du présent comme faisant partie de la volonté parfaite d'un Dieu d'amour. Elle n'est pas fondée sur ce que nous pensons ou espérons voir arriver dans l'avenir. Nous louons Dieu, non en raison de ce que nous espérons voir survenir en nous ou autour de nous, mais pour ce qu'Il est, au point où nous en sommes.
>
> C'est vrai que, si nous louons Dieu avec sincérité, il se passe quelque chose. Sa puissance fait irruption dans la situation donnée et nous remarquons, à plus ou moins brève

110. Cf. l'introduction aux *Exercices spirituels* de saint Ignace de Loyola : « Nous avons été créés pour louer, respecter et servir Dieu ».
111. Merlin Carothers, *La puissance de la louange*, Éditions Foi et Victoire.

échéance, un changement – soit en nous, soit autour de nous. Cette transformation nous causera peut-être une joie et un bonheur réels au milieu de ce qui nous semblait être une situation impossible ; ou bien ce sera la situation elle-même qui changera. Mais ce changement sera toujours le résultat de la louange – et non sa motivation. »

La louange n'est donc pas une formule magique, comme ces publicités qui encombrent nos boîtes aux lettres promettant le succès en amour, dans le travail et pourquoi pas les prochains numéros du Loto dans l'ordre. Elle ne consiste pas non plus en une démission de notre volonté, de notre capacité à agir, à travailler au bien et à lutter contre les difficultés. Il s'agit réellement d'un changement profond d'état d'esprit, en nous rappelant que Dieu est un père plein de tendresse, qu'Il pleure avec nous et que, plus que tout, Il veut notre bonheur.

François et Steve font une omelette

Le 6 octobre 2011, la nouvelle fait le tour du monde des radios, journaux, télés et sites d'information : Steve Jobs vient de mourir. Les nombreux hommages[112] décrivent un homme passionné et déterminé qui, à force de courage et de persévérance, a réellement changé le monde. Une vidéo tourne alors en boucle : celle du discours de Jobs à la remise des diplômes de Stanford. On y voit le fondateur d'Apple debout, vêtu de la toge noire des nouveaux diplômés de l'université américaine, derrière un pupitre blanc. Le créateur de l'iPod partage trois moments-clés de sa vie, en forme de paraboles, et décrit comment, d'enfant adopté par une famille modeste et qui n'avait pas fait d'études secondaires, il est devenu le fondateur de la société la plus rentable du monde.

Le récit de ses péripéties n'a en fait qu'un seul but, expliqué clairement à la fin de son discours : « Votre temps est limité, alors ne le gaspillez pas en vivant la vie de quelqu'un d'autre. Ne soyez pas piégés par le dogme – ce qui revient à vivre selon le résultat de la pensée d'autrui. Ne laissez pas le bruit de l'opinion des autres étouffer votre voix intérieure. » Et c'est bien là toute la vie de Jobs : il n'était pas « programmé » pour avoir le succès qu'on lui connaît ; sa mère biologique l'a abandonné à la naissance, sa famille adoptive était pauvre, il a arrêté l'université à 18 ans. Pourtant, en vivant ce pour quoi il était fait, il a inversé la tendance[113]. Le final de son

112. Dont celui de Steve Wozniak, son compère de la première heure, à qui on demande s'il pense que Jobs ira au Paradis ou en enfer. Wozniak de répondre : « Au Paradis, bien sûr ! Et faites-lui confiance pour revoir tout le marketing de là-haut ! ».

113. Ce qui n'enlève rien au caractère détestable de certains de ses actes.

discours synthétise cela à merveille : « Restez insatiables, restez fous[114] ! »

Le pape François dit exactement la même chose :

> « S'il vous plaît, ne laissez pas les autres être les acteurs du changement. C'est vous qui êtes l'avenir. C'est vous ! Il faut que vous entriez dans le monde. Je vous le demande ; soyez les acteurs du changement, de l'avenir. Surmontez l'apathie et apportez une réponse chrétienne à toutes les préoccupations sociales et politiques de tous les coins du monde. Je vous demande d'être les constructeurs de l'avenir, qui se mettent au travail pour un monde meilleur. Chers jeunes, ne restez pas au balcon de la vie, vivez-la. Jésus n'a pas regardé la vie depuis un balcon, Il l'a vécue[115]. »

Ce discours a été prononcé en espagnol et le Pape a utilisé un verbe typiquement argentin pour l'occasion : *balconear*, qu'on traduirait par « balconner ». Bref, regarder la vie de loin.

Vis[116] ! Vis à fond ! Ne regarde pas ta vie défiler comme si tu n'en étais que le spectateur, ne sois pas le commentateur de ta propre existence. Ne sois pas non plus de ces jaloux qui attendent (sans rien faire) leur jour de gloire tout en maudissant celui des autres. Ta vie dépend de toi. À bien des égards, tu peux en faire ce que tu en veux. Pour cela, une seule condition : fais-le, toi. Ne reproche pas aux autres de ne pas t'avoir laissé leur place, prends la tienne.

Je n'ai jamais couru après les magazines proposant « les 10 moyens pour réussir sa vie » ou les « 25 manières d'être plus heureux ». Aussi, en guise de recommandation, voici

---

114. *Stay hungry, stay foolish !* dans le texte.
115. Lors des JMJ de Rio, pendant le discours final à Copacabana.
116. Cf. le livre d'Ézéchiel au chapitre 16.

seulement l'histoire de l'omelette aux lardons[117]. Pour préparer une omelette aux lardons, il faut des œufs et du lard. Pour avoir des œufs, il faut une poule ; pour avoir des lardons, il faut un cochon. La poule comme le cochon sont donc absolument nécessaires pour se délecter d'une omelette aux lardons. Ils sont nécessaires, mais n'ont pas la même implication. La poule est concernée et donne ce qu'elle a : des œufs. Le cochon est impliqué et donne ce qu'il est.

Donne tout. Il n'y a pas d'autre manière d'être heureux. Toutes les personnes qu'on présente comme ayant « réussi leur vie » ont en commun d'avoir été au bout de leur passion, de leur élan. L'à-peu-près, la mollesse et la demi-mesure n'intéressent personne : à cela, je préfère le conseil de Jésus : « *Il n'y a pas de plus grand amour que de livrer sa vie pour ses amis*[118]. » Livrer sa vie, c'est-à-dire se donner entièrement. Vivre, en somme !

117. J'ai entendu cette histoire dans des contextes tellement différents (cours de management, sermon, repas de famille) que je ne saurais dire qui en est à l'origine !
118. Évangile de Jean 15, 13.

Un point d'interrogation en guise de point (presque) final

Il y a quelques jours, j'ai vu plusieurs photos des bureaux de Facebook, aux USA. Un peu partout sur les murs, des posters reproduisent des slogans ou des phrases censées inspirer les employés du plus gros réseau social du monde. On peut lire par exemple : « Travaille dur », « Fais mieux », « Va plus vite », « Notre travail n'est jamais terminé ». Et, au milieu de toutes ces injonctions brutales, une question : « Que ferais-tu si tu n'avais pas peur ? »

La voilà, la grande question ! Que ferais-tu si tu n'avais plus peur ? Peur du regard des autres, peur de mal faire, peur d'échouer, peur de ne pas faire ce qu'on attend de toi[119] ? Tu es fait pour vivre libre et debout ; que ferais-tu si tu étais réellement libre ?

Il ne s'agit pas de prôner un mode de vie détaché de toutes contraintes : comme nous l'avons vu, la liberté n'est jamais exempte de responsabilités et ma vie se passe dans un contexte précis dont je ne peux ni ne dois m'affranchir, bien au contraire. Je parle de la liberté que Dieu seul peut donner, celle qui explique le fait que la Bible contienne 365 fois l'expression : *« N'ayez pas peur*[120]. »

Allons un peu plus loin. La crainte de Dieu est un don de l'Esprit, pas la peur. Elle n'est « pas une crainte servile ; elle devient au contraire la source des sentiments les plus

119. Quelques jours avant la remise de nos diplômes de fin d'études, j'ai demandé à quelques amis étudiants quel métier ils feraient s'ils n'avaient pas de pression sociale, familiale et sans prendre en compte le salaire. Aucun n'a parlé du métier pour lequel nous étions formés, moi y compris !

120. Cf. l'homélie du cardinal Lacroix, archevêque de Québec, pour la veillée pascale du 19 avril 2014.

délicats. Elle peut s'allier avec l'amour, n'étant plus qu'un sentiment filial qui redoute le péché à cause de l'outrage qu'il fait à Dieu[121] ». Ce don est à mettre en lien avec ce que dit saint Paul : *« Vous n'avez pas reçu un Esprit d'esclaves pour demeurer dans la peur ; vous avez reçu un Esprit de fils en qui nous crions : Abba, Père*[122]. »

Alors, que ferais-tu si tu étais sûr de la bonté de Dieu et de son amour pour toi ?

En effet, même si c'est très paradoxal, il peut arriver que la foi soit un motif de craintes, de scrupules. On a alors tellement peur de déplaire à Dieu qu'on en oublierait presque de chercher comment lui plaire. Ou alors, on est tellement saisi par l'immensité de Dieu et de notre appel à la sainteté qu'on se décourage et qu'on désespère. La spiritualité de sainte Thérèse de Lisieux nous est alors d'une grande aide. La voici exposée en quelques mots par la « Petite Thérèse » elle-même :

> « J'ai toujours constaté, lorsque je me suis comparée aux saints, qu'il y a entre eux et moi la différence qui existe entre une montagne dont le sommet se perd dans les cieux et le grain de sable obscur foulé sous les pieds des passants ; au lieu de me décourager, je me suis dit : le Bon Dieu ne saurait inspirer des désirs irréalisables, **je puis donc malgré ma petitesse aspirer à la sainteté** ; me grandir, c'est impossible, je dois me supporter telle que je suis avec toutes mes imperfections, mais je veux chercher le moyen d'aller au Ciel par une petite voie bien droite, bien courte, toute nouvelle.
>
> Nous sommes dans un siècle d'inventions, maintenant ce n'est plus la peine de gravir les marches d'un escalier, chez les riches un ascenseur les remplace avantageusement. Moi

121. Dom Guéranger, *Les sept dons du Saint-Esprit* – Le don de crainte.
122. Épître aux Romains 8, 15.

je voudrais aussi trouver un ascenseur pour m'élever jusqu'à Jésus, car je suis trop petite pour monter le rude escalier de la perfection. Alors j'ai cherché dans les livres saints l'indication de l'ascenseur objet de mon désir et j'ai lu ces mots sortis de la bouche de la Sagesse Éternelle : "**Si quelqu'un est tout petit, qu'il vienne à moi**[123]**." Alors je suis venue,** devinant que j'avais trouvé ce que je cherchais et voulant savoir, ô mon Dieu, ce que vous feriez au tout-petit qui répondrait à votre appel, **j'ai continué mes recherches et voici ce que j'ai trouvé : "Comme une mère console son enfant, ainsi je vous consolerai, je vous porterai sur mon sein et je vous balancerai sur mes genoux**[124] **!"** Ah ! Jamais paroles plus tendres, plus mélodieuses, ne sont venues réjouir mon âme, l'ascenseur qui doit m'élever jusqu'au Ciel, ce sont vos bras, ô Jésus. Pour cela, je n'ai pas besoin de grandir, au contraire il faut que je reste petite[125] ! »

Voilà le secret de notre vie : vivre comme des enfants sûrs de l'amour de Dieu. Il n'y a là ni infantilisme ni enfantillage ; par « enfant », j'entends la recherche de la simplicité, la confiance en Celui qui m'a donné la vie, la certitude d'être aimé par Lui à chaque seconde. Cela n'a rien de contradictoire avec le fait d'assumer des responsabilités et une authentique virilité. Ce ne peut en aucun cas être une excuse à la mollesse, à la paresse ou au défaitisme. J'irais même jusqu'à dire que c'est précisément en recherchant l'enfance spirituelle qu'on devient un adulte libre et sans crainte. En effet, faire le choix de l'enfance spirituelle me permet de me rappeler qui je suis : créé par Dieu et fait pour l'aimer et être aimé de Lui. Cette enfance-là n'a rien donc à voir avec l'âge, la condition physique, les responsabilités exercées : c'est un esprit qui sous-tend

123. Proverbes 9, 4.
124. Isaïe 66, 13.
125. Manuscrit C.

notre être et notre action, qui nous aide à dépasser nos propres peurs pour faire des choix vraiment libres.

Et toi, que ferais-tu si tu n'avais pas peur ?

CONCLUSION

À toi le soin !

Nous voici arrivés au terme de cette lettre. J'ai abordé des sujets très variés et j'aurais pu en aborder beaucoup d'autres, mais mon projet était de te donner simplement de quoi commencer dans la vie spirituelle. Désormais, tu sais que l'Amour a un nom, qu'Il s'appelle Jésus. Tu sais aussi que l'Amour t'appelle par ton nom et tu as découvert comment entrer en relation avec Lui. Maintenant, c'est à toi de jouer. « À toi le soin », comme disent les marins. À toi de chercher, comprendre et connaître, à toi de te jeter à l'eau, à toi d'être fidèle, à toi d'aimer.

Bien sûr, tout ne sera pas parfait et tout ne sera pas facile. Nous en sommes tous là. Mais tu n'es pas seul : beaucoup t'ont précédé, beaucoup te suivront. L'Église est vaste et il y a autour de toi tout ce dont tu as besoin pour être nourri intellectuellement et spirituellement, quelles que soient tes aspirations et ta sensibilité : communautés, mouvements, paroisses, etc. Il y a également largement de quoi faire pour te donner et servir, là encore en fonction de ce qui te touche et te rejoint, de ce qui t'interpelle.

La recherche de Dieu est la plus belle aventure qui soit. Bonne route !

Table des matières

Préface 9

Mode d'emploi 11

Questions difficiles 15

Au milieu du paradis, il y a un skate park 17
L'Église est une prostituée 21
Parlons-en ! 27

Cathopedia 31

Dieu ? 33
Dans les yeux 35
Un point ou un cercle ? 39
Bobsleigh et prédestination 42
L'Amour a un nom et quelques surnoms 45
Nietzschéen deux jours par an 49
Les deux 51

Tu es aimé 54
Good enough is not enough 56
Spoiler 59

Concrètement 61

Saint en Converse 62
Qui suis-je ? 68
Toi + moi 71
Un amour violent 74
Dieu n'est pas en promo 77
Demain n'arrive jamais 81
Tais-toi ! 84
Stagiaire à vie 86
Vas-y quand même 89
La fuite des cerveaux (et leur retour) 94
Fondamentaliste de la fidélité 97
Tobie or not Tobie 100
François et Steve font une omelette 104
Un point d'interrogation en guise de point (presque) final 107

Conclusion 111

À toi le soin ! 111

Pour en savoir plus sur ce livre et contacter l'auteur,
rendez-vous sur :

www.lamouraunnom.fr

Ce livre vous a plu,
vous pouvez, sur notre site internet :
donner votre avis
vous inscrire pour recevoir notre lettre mensuelle d'information
consulter notre catalogue complet,
la présentation des auteurs,
la revue de presse, le programme des conférences
et événements à venir ou encore feuilleter des extraits de livres :
www.editions-beatitudes.fr

Composition et mise en pages réalisées par
LG Compo - 28200 - Châteaudun
Septembre 2015

Dépôt légal : octobre 2015
IMPRIMÉ EN FRANCE

Achevé d'imprimer le 12 octobre 2015
sur les presses de l'imprimerie « La Source d'Or »
63039 Clermont-Ferrand
Imprimeur n° 18205

PEFC/10-31-2008

Dans le cadre de sa politique de développement durable,
La Source d'Or a été référencée IMPRIM'VERT®
par son organisme consulaire de tutelle.
Cet ouvrage est imprimé - pour l'intérieur -
sur papier bouffant « Pamosky » (main 2) 80 g
provenant de la gestion durable des forêts,
produit par des papetiers dont les usines ont obtenu
les certifications environnementales ISO 14001 et E.M.A.S.